日本史の偉人の虚像を暴く

本郷和

宝島社新書

はじめに

歴史学の基本は、まず第一に、歴史資料＝史料をきちんと読みこなせるようになること。昔の人が書いた日記や手紙、行政文書などの古記録を正しく読めるようになることが重要です。

第二にその史料を用いて、そこからどんな歴史的事実＝史実を復元できるのかに挑戦します。

大学に入って歴史学を専門的に学ぶと、まずこのふたつ、つまり史料の使い方と史実を導き出す構想力が厳しく問われてきます。特にきちんと史料が読めないのは、正しくデータを使うことができないわけですから、論外です。史料をきちんと活用できなければ、当然良い評価はもらえませんし、新しい史実にも到達できません。

史料を過不足なく活用し、面白い史実につなげていく。まさに、言うは易く行うは難いといったところですが、専門家のなかでも、史料をとにかく読み込むことにのめり込みすぎたあまりに、後者の史料から史実を構想するほうが疎かになることがしばしばあります。

私の師匠である石井進先生からは、常々「ホラを吹け、大きなホラを吹く練習をせよ」と言われました。指導を受けていた当時は、よく理解できませんでしたが、きっと石井先生は「史料を読むことにのめり込みすぎてはダメだ、歴史学は史料を使いこなせてこその歴史学で、史料をただ読むだけでなく、しっかりとした史実を構想することが重要なのだよ」とおっしゃっていたのかもしれません。私も還暦を過ぎた今、改めて石井先生の教えの大切さを痛感します。

本書では、一般的に流布したさまざまな歴史上の英雄・偉人たちの「虚像」を、確かな史料に基づいて、歴史学的に検証しながら暴き、史料から導き出される史実としての「実像」を提示することを試みてみました。こうした「虚像」のなかには、きちんと史料を読み込めてなかったり、そもそも証拠となる史料がなかったりするケースがしばしばです。

しかし、必ずしも自分が証明したい史実に適した史料が十分に存在するとは言えません。多くの場合、史料は穴だらけです。その穴をどのように埋めるのかが、構想力、想像力の見せどころです。

そして、何も史実を構想することは、歴史の専門家だけの専売特許ではありません。確かな史料を、過不足なく読むことができたうえで、きちんと論理立てて証明できるならば、それは立派な史実だと思います。

本書を通して、改めて史料と史実が作る、歴史の醍醐味に触れていただけたら、幸いです。

本郷和人

目次

はじめに……2

第1章 藤原道長の虚像

平安最強の貴族・藤原道長の虚像……12
希代のプレイボーイ・光源氏のモデルは藤原道長!?……13
恋愛が政治に直結した平安時代……15
庶民は眼中にない貴族政治……16
権力者が道長でも他の人間でも政治は変わらない……17
政治の失敗が一族皆殺しとなった中国……19
「世襲」による変わらない政治が続く「ぬるい」平安時代……21
ハリボテの日本の律令制……23
革命が起きない「ぬるい」国の「最高権力者」……27

第2章 源義経の虚像

数々の義経伝説は本当か?……32
一ノ谷の戦いの「鵯越攻略」の虚像……33
「鵯越の逆落とし」は本当に可能か?……34

屋島の戦いでの梶原景時との「逆櫓の論争」……38
屋島の戦いでの奇襲は偶然!?……41
非戦闘員にも弓を引いた壇ノ浦の戦い……42
平家を滅亡まで追い詰めたのは、義経のやりすぎのせい!?……44
兄・頼朝との確執と対立……46
武士たちからは不人気だった義経……48

第3章 源頼朝の虚像

京都生まれ・京都育ちの頼朝の真意はどこにあるのか……52
武士本来のあり方をめぐる2つの考え方と2つの頼朝像……53
頼朝は京都の朝廷に靡いていたのか?……57
京都か鎌倉かで揺れる頼朝……59
頼朝は本当に武士のリーダーだったと言えるのか……62

第4章 北条時宗の虚像

元寇から日本を守った「救国の英雄」は本当か?……66
東アジアを覆う中華思想と冊封体制……69

モンゴルの国書はどのような内容だったのか……71
国書を理解できない朝廷と「既読スルー」の幕府……73
フビライの使者による正確な日本分析……75
北条時宗と鎌倉幕府が元寇を招いた!?……77
文永の役は〝威力偵察〟だった……79
国際情勢に疎く外交下手の鎌倉幕府……80
武士たちはモンゴル軍を撃退したが褒美はもらえなかった……83
時宗は「鎌倉幕府滅亡」のきっかけを作った張本人!?……85

第5章
足利尊氏の虚像

足利尊氏は優柔不断で何を考えているかわからない!?……88
高まる鎌倉幕府への不満と「悪党」の台頭……89
後醍醐天皇の呼びかけは尊氏以外も応じなかった……92
武士たちが決起したのは尊氏が立ち上がったから……94
鎌倉幕府を倒したのは後醍醐天皇ではない……98
後醍醐天皇との対立の真相……100
幕府を京都へ移すという尊氏の「決断力」……103
土地から貨幣、農業から商業への転換……105

自らの正統性を示すために南北朝の対立を利用……108
やるべきことをきちんとやっていたリアリスト……110

第6章 武田信玄の虚像

武田信玄は織田信長に勝てるのか？……114
合戦の強さは「数」で決まる……115
兵力数で圧倒する織田信長……118
海がない国に生まれたことの不運……122
戦国大名としてのビジョンの違い……125

第7章 上杉謙信の虚像

作られた「義の武将・上杉謙信」というイメージ……132
室町幕府が示す秩序を信頼した上杉謙信……135
上杉の関東出兵は略奪のため!?……139
肩書をめぐる本音と建前……141
侵略マシーンと化した謙信の晩年……143

第8章　織田信長の虚像

揺れる「天才・織田信長」像……146
「天下布武」の「天下」はどこを指しているのか……147
上洛以降の信長の軍事行動の「目的」とは……151
なぜ丹波を攻めず、朝倉を攻めたのか……154
信長にとっての「上洛」の真の意味……158
比叡山焼き討ちは合理的な判断の結果だった……160
天下布武という新しい経営理念……164
日本をひとつのものとして考えた天才・信長……167

第9章　赤穂浪士の虚像

日本人が感動した主君の敵討ち事件……172
赤穂事件の原因は浅野長矩の逆ギレ!?……174
赤穂事件はバカな上司を持った不幸な部下たちの顛末か……177
喧嘩両成敗という道理……182
赤穂事件は日本初の主人の敵討ちだった!?……183

第10章 坂本龍馬と新撰組の虚像

坂本龍馬と新撰組、その人気の虚像……188
坂本龍馬暗殺の最有力は京都見廻組……193
坂本龍馬暗殺に薩摩藩が関与していた!?……197
坂本龍馬「当たり屋」説から生じる紀州藩関与説!?……198

第11章 西郷隆盛と大久保利通の虚像

「敬天愛人」西郷隆盛の本当の姿……204
維新の英雄は実はテロリストだった!?……205
戦いを欲した西郷隆盛と大久保利通……208
手紙に表れる西郷と大久保の本性……210
「戦いが王を作る」を実践した西郷と大久保……213
「それが大久保くんの悪いところだな」……216
陰謀渦巻くテロリストとしての西郷隆盛と大久保利通……218

第1章
藤原道長の虚像

平安最強の貴族・藤原道長の虚像

藤原道長というと、天皇の外戚として絶大な権力を振るった藤原摂関政治の最大の権力者であり、この世の栄華を自ら讃えた「この世をば我が世とぞ思ふ望月の欠けたることもなしと思へば」という有名な「望月の歌」でも知られています。

娘の彰子《しょうし》を一条天皇に、同じく娘の妍子《けんし》を三条天皇に、それぞれ入内させました。一条天皇と彰子の間に生まれた敦成《あつひら》親王は後一条天皇として即位します。さらに道長は、この後一条天皇にまた自らの娘である威子《いし》を入内させて立后。一家三后となり、道長は天皇家の外戚として絶大な影響力を誇ったのです。

平安時代に全盛を迎えた摂関政治とはそもそも何だったのか。この摂関政治自体、「政《まつりごと》」としては、実は虚構以外の何ものでもないのです。今日で考えるような「政治」を、実際には全くと言ってやっていなかった。藤原道長が有した絶大な権力自体、虚像としか思えないものだったと言えるかもしれません。

本章では、藤原道長が最高権力者として政治を執った平安時代の摂関政治がいかに「ぬるい」ものだったか、それゆえに道長の権力自体がいかに虚《むな》しいものだったかをお話ししたいと思います。

希代のプレイボーイ・光源氏のモデルは藤原道長!?

2024年のNHK大河ドラマ『光る君へ』では、『源氏物語』の作者・紫式部を吉高由里子さんが、そのパトロンであった藤原道長を柄本佑さんが演じています。貴族の系譜をまとめた『尊卑分脈』では紫式部を「道長妾」と記しており、そこから紫式部は藤原道長の愛人ではないかと言われることがしばしばありました。紫式部が記した日記にも、恋愛を示唆するような歌のやりとりの様子が見られます。

たとえば、道長が「すきものと名にし立てれば見る人の折らで過ぐるはあらじとぞ思ふ」(「酸っぱくて美味しいと評判の梅だから、それを見て枝を折らずに過ぎる人はいないように思うよ」の意)と詠めば、紫式部は「人にまだ折られぬものをたれかこのすきものぞとは口ならしけむ」(「まだ折られてもいないのに、どうして梅の酸っぱさを言いたてるのでしょう」)と応じています。

「すきもの」は「酸き物」と「好き者」にかけてあります。「『源氏物語』の作者は、その主人公・光源氏のように恋愛が達者だと評判だから口説かずにはいられない」と道長が口説けば、紫式部は「まだ男性に味わわれていないのに、どうしてそんな評判が立つのでしょう」と嘯《うそぶ》いている贈答歌だというのです。そのため愛人説が囁《ささや》かれたのですが、それはあくまでも歌の上でのやりとりに過ぎません。『尊卑分脈』にしても、その全てが正しい記述とは言えませんから、紫式部愛人説は史実とは認められません。

また、紫式部の『源氏物語』の主人公・光源氏のモデルは藤原道長だったとも言われています。道長は妻・倫子《りんし》や明子《めいし》をはじめ、多くの女性と恋愛関係にありました。そのほか、数々の女性と浮名を流し、清和天皇の女御・皇太后となった藤原高子との恋愛でも有名な在原業平も光源氏のモデル候補にしばしば挙げられます。容姿端麗として知られた源融《とおる》(嵯峨天皇の皇子で、源姓を賜り臣籍に降りました)や、藤原道長の父・兼家らもまた光源氏のモデル候補に挙げられますが、こうした実在する人物の断片をつなぎ合わせ、光源氏という希代のプレイボーイを生み出したというのが、通説となっています。

恋愛が政治に直結した平安時代

道長の時代に最盛期を迎えた摂関政治の要《かなめ》とは、一族の娘と天皇を結婚させ、いかに天皇家の後継である男子をもうけるかにあります。こうして、天皇の外戚となることで、天皇家に影響力を与え、その結果として朝廷内での絶大な権力を得る。それが、摂関政治の実態でした。女性たちは、天皇を自分のもとに足繁く通わせるために、和歌の腕を磨き、コミュニケーション技術を駆使して、その心を摑《つか》むのです。つまり、摂関政治を中心とした平安時代とは、恋愛をすることがそのまま政治に直結した時代でもあったのです。

見方を変えると、政治と言いながら、やっていることは誰と誰がくっついたか離れたか、というだけ。これは藤原氏にかぎらず、大伴氏などほかの貴族も同様です。貴族たちは皆が皆、天皇に自分の娘を嫁がせようとする。摂関政治が、私たちがイメージするような、世のため人のための政治をやっていたのではない、というのは、こういうところにあるのです。第一、『源氏物語』を見てもそれは明らかです。主人公・光源氏は太政大臣にまで上り詰めます。現代日本で言えば、総理大臣のような地位にまでなったのにもかかわらず、政治をしている描写が全くありません。彼の行動は女性の尻を追っかけているだけ。『源氏物語』のどこを読んでも、私たちが思い描くような政治が行われている様子がないのです。

結局のところ、天皇の寵愛を誰が得るのか、ひいてはその寵愛を得た女性の身内は誰か、というレベルの話で、政治が決まっていくのです。

庶民は眼中にない貴族政治

現代であれば、民の声を聞いて、その人たちのために政治をやるというのが、政治家のあるべき姿です。現代の議会制民主主義の制度の下では、変なことをしていたら議員として当選できないですし、選挙で負ければ政権を手ばなさなければならない。だからこその民主主義なわけです。

民の声を聞き、それに即した政治をやらざるを得ない。上に立つ人間は、下々の人たちのことを考えて政治を行う。現代だけでなく、それが「政」の原則だと思うのですが、平安時代の貴族たちは、庶民のことなんて知りません。貴族の関心の範《はん》疇《ちゅう》は、貴族社会のなかだけであって、誰も一般の人間たちのことは見ていません。基本的に貴族たちは世襲によって、自分の地位を得ます。ですから、庶民のことを気遣《きづか》う必要もないのです。

そもそも平安貴族たちは、現代の民主主義社会に暮らす私たちが思い描くような「政治」を行う必要がない。貴族が庶民を歯牙にも掛けないのは、当時としては当たり前と言えば当たり前なのです。

そして、彼らの権力を保障するものは、朝廷における地位であり、なんと言っても、天皇家との関係でした。

権力者が道長でも他の人間でも政治は変わらない

平安時代とは日本の歴史研究における年代で言えば、古代にあたります。私の専門は古代の後の時代である中世の歴史です。ですから、古代史研究の世界で藤原道長についてどのような議論がなされているか、私は詳細にはわかりません。ただ、言えるのは、日本の歴史学において、古代史研究の中心は律令の成立期やさらに遡《さかのぼ》った古墳時代の研究のほうが厚みがあるということでしょう。対して、平安時代や藤原道長に関する研究は、そもそも研究史として薄い分野なのです。

それには当然、理由があります。

歴史研究者が注目するのは、時代が変わる変革期や歴史の転換期がしばしばです。そのため、中世史研究でも、鎌倉幕府が成立する前後に研究が集中しやすく、室町時代や戦国時代の専門的研究は薄くなりがちです。

先にも述べたように、藤原氏の摂関政治は、そもそも政治らしいことはせずに、天皇家といかに外戚関係になるかに終始した時代です。その結果、平安時代において藤原氏の摂関政治は、大きな歴史の転換点となるような、パラダイムシフトを起こすようなものではありませんでした。

藤原道長の最大のライバルとなったのは、自分の兄の子、つまり道長にとっては甥に当たる藤原伊周《これちか》や隆家でしたが、正直に言って、道長が権力の座につこうが、伊周が権力の座に就こうが、平安時代の権力体制に大きな変化はありません。つまり、彼らの政治闘争は、旧来の政治のあり方を変革しようとするような闘争にはなり得なかったわけです。ですから、日本史研究における注目度はそこまで高くないということが指摘できるだろうと思います。

政治の失敗が一族皆殺しとなった中国

つまり、平安時代の特徴を上げると言えば、まさしく「変わらなさ」があるのではないかと思います。

これが隣国の中国の場合だとどうでしょうか。中国では、皇帝の妻の一族が、皇帝と外戚関係になることで繁栄するという点では、摂関政治と類似しています。藤原摂関家も天皇の外戚となることで、権力を振るうことができました。しかし、中国と日本が大きく違うのは、皇帝が変わるときです。

ひとりの皇帝の治世が終焉を迎え、新しい皇帝に変わるとき、前の治世において権力を握っていた一族は、皆殺しにされたのです。中国では歴史を通じて、これがずっと繰り返されました。平民など、下の階級に落とされるというだけならかわいいものです。女性や子どもも例外なく、皆殺しでした。それほど厳しい現実を、中国の権力者たちは生きてきたということになるでしょう。

また広大な大陸に広がる中国は、モンゴルの遊牧民などをはじめ、さまざまな異民族の侵攻に晒されてきた歴史があります。そのために各時代の王朝は、一番に安全保障を考えなければなりませんでした。

事実、異民族の侵攻によって国が滅ぼされ、中国ではたびたび異民族の王朝が立っているのが歴史的事実です。

当然ながら、過去の王は否定されます。また王の側近である貴族たちも、王と運命をともにせざるを得なくなるわけですから、中国の為政者は、日本の平安貴族と違って、軍事を重視し、富国強兵に努めなければなりませんでした。

軍事力を構築するためには国を豊かにしなければなりませんが、その運営が貴族には荷が重いとなると、そこに官僚制度が生まれることになります。政治のリーダーを試験によって選出し登用する科挙制度です。ですから、中国は基本的に皇帝（王）

と官僚の国ということになります。

「世襲」による変わらない政治が続く「ぬるい」平安時代

これに対して、日本の場合はどうかというと、まず大陸や半島からは海によって隔てられた島国であるという地政学的な理由から、そこまで頻繁に外から攻められると言うことがありませんでした。古代では天智天皇の頃の白村江の戦い以来、外国との大きな戦争はなくなりました。そのため、平安時代にはほとんど外敵が存在せず、軍事的な衝突がない時代へと至ります。

それでも平安時代の初期までは、貴族たちも一生懸命、大陸から学んでいたのです。ですから貴族が官僚のように働いていたのです。しかし、遣唐使が廃止されて久しく、平安後期には外国との付き合いもなくなっていきました。

また、日本には科挙制度が導入されませんでした。中国では国を富ませるために優秀な人間を試験によって選別したわけですが、日本の為政者たちは、科挙を行い官僚組織を作ろうとはせず、結局、貴族たちのなかだけの政治に終始することとなったのです。

変に貴族以外の人間たちが知性を持ったら、自分たちの存在を否定されてしまうと考えたのでしょうか。いずれにせよ、平安時代には知識というものは朝廷の貴族の独占となってしまったのです。

こうして生まれた貴族社会は当然ながら世襲でずっと受け継がれていきますから、新しいイノベーションは起きようがありません。かつて私は『世襲の日本史』（NHK出版新書）という本のなかで、日本社会を動かしてきたのは「世襲」であり「家」という論理だったことを論じましたが、改めてまた考え直してみたいとも思っています。

現代であればどんな企業も、イノベーションによって新しいものを生み出し続けなければ、生き残っていくことはできません。安定よりも変革を求めて、常に変わり続けることを求められるのが、ある意味では、現代の資本主義社会と言えるかもしれません。

しかし、世襲の場合には、抜本的な変化はありません。ただしその代わりに安定があるでしょう。父親が100点とするならば、息子はそこまでとは言わずとも、80点とか70点とか及第点ではある。100点は出ないけれども、少なくともこれまでの慣習をひっくり返してしまうような裏切り者も出ない。100点も0点もなく、80点とか70点で安定していくようなイメージです。その意味では、次善の策としては世襲はよいと言えます。

私の妻（研究者です）に言わせれば、平安時代とは「ぬるいお風呂に入って、おならをしている」ような時代です。為政者たちは緊張感がまるでない状況なのです。私も妻が用いた表現に100パーセント賛同します。

ハリボテの日本の律令制

古代日本では白村江の戦いでの敗戦を契機に、中央集権国家として国力を高めるため、唐を範とした律令国家の形成へと舵《かじ》を切りました。朝廷は中国に学び、律令制を取り入れていきます。

「律令」の「律」は刑罰の体系であり、「令」は政治の体系です。律令制の導入は、日本社会に体系だった法律が導入されたことを意味します。

しかし、中国から借りてきた律令には、当時の日本社会の実情にはそぐわないものも多くありました。そのため、古代日本の律令のなかには、実際には使われなかった法令があった可能性が高いのです。

特に平安時代には、法律で定められたことと実際の運用の間に、大きなズレがあったと思える点も少なくありません。

たとえば、「諸国条事定」というものがあります。これは何かというと、まず、朝廷では貴族による会議である仗議《じょうのぎ》や陣議《じんのぎ》、あるいは陣定《じんのさだめ》とも呼ばれるものがあります。上級貴族である公卿と四位の参議以上の議政官により、外交・財政・叙位・受領任命・改元などの重要な政務の審議が行われます。いわば平安時代における朝廷の最高議決機関です。この会議に先立って必ず実施されるのが、「条事定」というものです。

とても難しい漢文で書かれたペーパーが配布され、そこには当時の都（京都）以外の諸国でどのような問題が起きているのかが指摘されています。そして、みんなで発言し対策を考えるのです。おおむね、3カ国ほどの問題を指摘するのですが、私は最初にこれを読んだとき、「平安時代の貴族も教養があって、やるべき政治をやっていたんだな」と感心しました。ところが、調べるにつれて気がついたのですが、この諸国条事定、実はいつも同じ文章が配布されていたのです。いわゆる今でいうコピペ。私は腰を抜かすほどに驚いたのですが、これが朝廷における政治のトップの会議の実情だったのです。まさに実態のないハリボテであり、虚構です。平安時代の政治自体が虚像であったのです。

また、日本の律令では、「令外官《りょうげのかん》」が多数存在します。これは律令に規定のない例外の官職のことです。近衛少将や近衛中将、蔵人頭、参議や中納言、内大臣など、日本では主要な官職の半分が令外官でした。律令は唐の政治・社会状況に合わせて作られたものですから、そのまま輸入しても日本の実情に合うわけがありません。そのため、さまざまな例外を設けて、無理矢理に日本社会に当てはめたのです。

平安時代よりも前の奈良時代には、4隻のうち1隻は沈んでしまうというようなリスクを取りながら、知的エリートらは大陸へ渡り、最先端の知を学びました。そうやって、日本に律令をもたらし、法に則《のっと》って、政治を行おうとしたはずです。日本では律令そのものを制定するだけでも、大掛かりな事業だったことでしょう。

しかし、律令を確立した当初は、実際にそれに即して政治が行われたとしても、時代が下ると、外敵もなく軍事的な衝突もなくなり緊張感のない時代に入りました。すると、律令も形骸《けいがい》化していきます。

特にひどい例は、地方行政の要である国司です。今で言うところの県知事にあたるようなポジションです。最初は中央から地方へと赴任していた国司(任期は4年)ですが、時代が下るごとに、実際には地方に行かなくなります。家来を代理に立てて、代わりに政務を行わせるようになったのです。これを遥任《ようにん》と呼びます。

たとえば、紫式部の父・藤原為時は越前守に任命されています。そのため、為時は娘の紫式部をはじめ、一家を連れて越前国へと移住しました。藤原道長の時代にはかろうじて、地方官はきちんと現地へ行っていたのでしょう。しかし、それ以降はほとんど赴くことはせず、京都で暮らして、現地の仕事は他人に任せるようになってしまいました。

ここでも、平安時代というものが、いかにハリボテの時代であり、中身のない時代であったかがわかると思います。

革命が起きない「ぬるい」国の「最高権力者」

こうして、平安時代の貴族政治は大きな変化もないまま、ぬるい政治が続きました。

文化史的には、平安中期・後期とは、『源氏物語』など仮名による文学が発達し、国風文化が花開いた、特筆すべき時代だったと言われます。しかし、それは裏を返せば、中国との関係を断ったことを意味します。漢文をはじめとした外国の文化を学ぶことを放棄した結果、仮名が生まれたのだとすれば、どうでしょうか。ただ単に、文化・社会的な進歩がなくなったとも捉えられるのです。結局、ドメスティックな視点に終始して、皆が皆、国内に関心が固定されてしまった事態とも言えます。

広い視野を持てなくなったからこそ、国風文化が生まれたのではないか。それが平安中期・後期の時代の雰囲気だった。貴族は自分たちの地位を天皇家との恋愛関係によって争うだけとなり、本来やるべき政治をやらなくなった。その溜まった膿のなかで、社会の不満として武士階級が台頭し、貴族社会を脅かすようになってくる……。

それが平安時代から鎌倉時代への転換期だったのです。

先述したように、平安貴族たちは全くと言って、庶民に見向きもしませんでした。飢えや災害、病で庶民がバタバタと亡くなろうとも、我関せずというのが平安貴族です。しかし、それは庶民の側にも言えるかもしれません。

中国の場合ですと、始皇帝の秦が滅びるきっかけとなった陳勝・呉広の乱にしても、『三国志』の始まりである黄巾の乱にしても、民衆や農民による大規模な反乱が歴史を動かしてきました。ところが日本の場合には、そうした広範囲の民衆の反乱はなかなか起きません。日本人の性格にもよりますが、それは貴族たちが知識や知性を独占し、庶民たちはそうしたものからあえて遠ざけられていたという状況があったからなのかもしれません。

外敵もなければ、大きな民衆反乱もない。そのようなぬるい社会においては、貴族は庶民のための政治など、するつもりは一切ない。

豊臣秀吉が太閤検地をやり土地の生産量を計測して年貢の割合を決めたとか、徳川家康が年貢を米で徴収するように決めて徳川幕府の財政基盤を固めたとか、のちの時代にあったドラスティックかつエポックメイキングな政策が、平安時代には全く行われていません。

藤原道長の事績を紹介した書籍や研究書の多くが、道長の政策について触れていないのは、まさに道長自身に政治的な特徴がないことの証左でしょう。

この時代の政治とは、革新的な政策を次々に打ち出すのではなく、あくまでも貴族社会のなかの人間関係によって成り立っていました。本来の意味での政治とは、やはりさまざまな政治方針の違いが提示されて、その上で独自の政治体制を確立するために互いに闘い、争うものだと思いますが、それが実際に行われるのは、先ほども述べたように、貴族に代わって、武士が台頭してきてからのことです。平安時代には貴族同士の足の引っ張り合いのようなもので、政治が行われていたのですから、まさに「ぬるい」政治が横行していたのです。

そんな貴族社会のなかで、「最強」の権力を有したとしても、高が知れていると思いませんか。

そもそも藤原氏の摂関政治自体、自分の一族に「娘」が生まれなければ成り立たない。つまり、偶然が大きく作用するのです。事実、道長と息子の頼通の代に最盛期を迎えたはずの藤原摂関家は、次代には院政に取って代わられ、急速に衰えていきました。となると、道長の代で最大の権力を有することができたのは、もはや藤原道長という一人の人間の才覚など関係ないということになるでしょう。

彼自身が何か特別なことをやったというよりも、皆と同じような政治活動を行っているなかで、〝たまたま〟強大な権力の座に就いたということに過ぎないのです。それゆえに、道長でなくライバルの伊周や隆家が権力の座にあっても、大勢に影響はなかったことでしょう。

第2章
源義経の虚像

数々の義経伝説は本当か?

鎌倉幕府の初代将軍・源頼朝の弟である源義経は、『平家物語』や『源平盛衰記』などで描かれているように、天才的な軍事の才能で頭角を現し、優れた武士として知られています。平家との戦において、数々の伝説的な武功を立てたことでも有名です。

たとえば、一ノ谷の戦いではいわゆる「鵯越《ひよどりごえ》の逆落とし」によって、義経は坂道から一気に馬で駆け降り奇襲によって平家軍を蹴散らしました。また、屋島の戦いでも奇襲に成功し、壇ノ浦の戦いでは平家を滅亡まで追い詰めました。源平の合戦を勝利に導いた大将としばしば評されます。

しかし、こうした武功の数々は、果たして本当に義経の功績だったのか、現在では疑問視されています。また、義経は実は武士の風上にも置けない、掟《おきて》破りなことばかりしていたとも言われるのです。その意味では、義経の伝説的な武功は、実は虚飾に塗《まみ》れたもの、それ自体が虚像であったとも言えるでしょう。

一ノ谷の戦いの「鵯越攻略」の虚像

治承5（1181）年2月4日に平清盛が熱病によって亡くなると、幽閉され実権を失っていた後白河上皇が院政を再開します。その結果、後白河上皇は平氏追討を推し進めました。源頼朝と東国の武士たちはこれに呼応し、やがて清盛亡き後の平氏一門を追い詰めていく、いわゆる治承・寿永の内乱、俗に言う源平の合戦が佳境へと入っていきます。

源平天下分け目の戦いとも言われた一ノ谷の戦いでは、頼朝の弟・源範頼が正面の総大将として、同じく頼朝の弟・源義経は搦手の大将として、それぞれ軍勢を率い、闘いました。

範頼軍は、福原の東方の大手側を攻めます。義経軍は、丹波の城を攻略し、迂回して西側から攻めるとともに、鵯越で兵を二分し、山側から奇襲を仕掛けたとされます。その際、急峻《きゅうしゅん》な坂道を馬で駆け抜けたというのです。これにより、平氏側の軍勢は総崩れとなり、義経は大きな武功を立てたとされます。これがいわゆる「鵯越の逆落とし」です。この鵯越攻略自体、兵を分けて別働隊が奇襲をかけたわけですから、研究者の間では、あれは義経隊が実行したのではないのではないかと議論を呼んでいます。同じ源氏でも甲斐源氏の安田義定という人物が「鵯越の逆落とし」の実働部隊だったのではないかという説もあります。ですから、鵯越攻略自体、義経の功績だったかどうか、いまいち定かではないのです。

『源平盛衰記』が記す、「鎌倉武士の鑑《かがみ》」と呼ばれた畠山重忠のエピソードも有名です。義経に付き従っていた重忠は、義経の軍勢が崖下の平家軍に向かって突進する際、自分の愛馬に「お前には苦労をかけているから、今日は俺がおぶってやろう」と言って、馬を担いで崖を下ったとあります。大変有名な話ですが、これは軍記物によるフィクションであって、実は重忠は義経の軍に参加すらしていません。正面の総大将である範頼とともに従軍していたのです。

「鵯越の逆落とし」は本当に可能か?

平氏側は、福原を中心にして、東の生田に平知盛、西の一ノ谷口に平忠度、山の手の鵯越口に平盛俊を配して守りを固めていました。北側は山、南側は瀬戸内海で自然の要害となっており、そのため平氏側は東西の口の守りに重点を置いたのです。ところが、「鵯越の逆落とし」では、敵の背後を突くかたちで山側から奇襲に成功します。こうして、平氏の陣形は総崩れとなって、大敗を喫することになりました。この敗戦により、平忠度をはじめとする平氏一門や有力家人である平盛俊を失い、一門を率いる平宗盛らは、屋島へと逃れました。

このように、一ノ谷の戦いのキーとなったのが、「鵯越の逆落とし」だったわけです。しかし、平氏たちが思いもよらないほど、高くて急峻な崖を、果たして本当に馬で駆け降りることができたのでしょうか。

これについては、私はＮＨＫの『風雲！　大歴史実験』という番組で実際に検証してみたことがあります。まず当時の馬と同じ馬を用意しました。

しばしば、当時の馬はポニーのような足の短い比較的小さな馬だったと言われることがあります。武田の騎馬隊も実はポニーだったのではないかと言われたこともありましたが、実はそうでもないのです。当時から、それなりに大きな馬がいたと考えられています。

日本の原産馬は、明治期以降、西洋馬に負けない屈強な馬を作るために交配によって、一度、絶滅してしまっていました。そのため、いつしか日本の馬は元々、ポニーのような小型馬であるという言説が広まったのです。

このため、武田の騎馬隊がポニーだったのなら、そもそも騎馬隊だってあり得ないだろうとも言われました。

ところが、明治天皇が実際に乗っていた金華山号《きんかさんごう》という馬が、日本の原産馬の一頭だったらしく、その剥製が残っています。それを見るとやはり大きいのです。

また、この金華山号をモデルにして、後藤貞行という彫刻家が見事な馬の彫刻作品を残しています。上野の山に西郷さんの銅像が立っていますが、その西郷さんが連れている愛犬の「ツン」の銅像を作ったのが、後藤貞行です。ちなみに西郷さんのほうは、東京藝術大学での後藤の同僚である高村光雲です。『智恵子抄』などの詩で著名な詩人で彫刻家の高村光太郎の父親にあたります。

金華山号は陸奥・水沢で育った馬だとされています。日本の原産馬で最も良い馬とされるのが、この陸奥の馬です。

その次が信濃の馬だと言われています。現在、この信濃の馬である木曽馬が交配の掛け合わせの結果、復活しているのです。

番組ではその木曽馬を借り、義経の時代の軍馬に見立てて実験を行いました。夏場のゲレンデを貸し切って、本当に馬が坂道を駆け降りるのか、検証したのです。

当初の予想では、馬が怖がってしまって、坂道を降りないのではないかと考えられました。ところが、どうやら坂の下に仲間の馬がいると安心して駆け降りていったのです。

義経が「鵯越の逆落とし」の奇襲を思いついたのは、鹿が鵯越の崖をピョンピョンと下りていくのを見て、「鹿も四本の足なら、馬も四本の足。鹿が下りられるのに、馬が下りられない道理はないだろう」と考えたという逸話が残っています。馬と鹿で、まるで「馬鹿」みたいな話ですが、それはさておき、実際に検証してみると、それは十分に可能だということがわかりました。

しかし、実行可能だとしても、それを義経が行ったとは言い切れないのです。

屋島の戦いでの梶原景時との「逆櫓の論争」

一ノ谷の戦いののち、範頼率いる西国遠征軍は苦戦を強いられ、四国・讃岐の屋島（現在の香川県高松市の北東）に本拠地を移した平氏を攻略できずにいました。平氏は屋島を拠点に水軍の基地を造り、勢力を回復させつつありました。そこで、改めて投入されたのが義経です。ここで義経はまたもや奇襲を仕掛けて、平氏を打ち破ります。

屋島の戦いでは、梶原景時と義経との間で「逆櫓《さかろ》の論争」という有名な論争がかわされたと言われています。景時は、屋島では海上での船の戦になるが、船の櫓《やぐら》を通常の後ろ側だけでなく、前側にもつけておけば、前進だけでなく、速やかに後退することもできて合理的だと、義経に進言しました。しかし、義経は景時の案を聞き入れませんでした。「自分は真っ先に攻撃を仕掛けて決死の覚悟である。負けて後退することを戦う前から考えて行動するなどとは臆病者のすることだ」と義経は景時に言いました。対する景時も黙っていません。「まるで進むことしか知らない猪武者だ」。義経と景時の間で、作戦をめぐる喧嘩となったのです。

なぜ、梶原景時はそのような進言をしたのか。それは景時が、当時の頼朝の軍勢における侍所の副長官だったことに由来します。侍所は軍事を司る役所であり、当時、その長官は和田義盛、副長官は景時でした。当時の軍勢は総大将の下に、実質的に軍を動かし切り盛りする侍大将や軍奉行のような存在が必ずついていたのです。大将はあくまで表の顔であり、実際に軍勢を取り仕切るのが、こうした侍所の長官、副長官でした。

平氏追討の源氏軍は、先に述べたように総大将は源範頼です。これが正面の大手の攻めを担当し、その補佐に侍所の長官である和田義盛がついていました。また源氏軍の第二軍である搦手《からめて》を担当したのが義経です。その義経の補佐役が侍所の副長官である梶原景時でした。ですから、景時が義経に意見を申し述べるのは、義経が憎くてやるのではなく、あくまでも職務のうちのことなのです。

景時としては自分の職務に忠実に、やるべきことをやっているに過ぎない。のちに源頼朝と義経の兄弟が対立し、結果、頼朝は義経を殺さなくてはならなくなりました。その仲違いのきっかけは、景時が頼朝に、義経のあることないこと、讒言《ざんげん》をしたからだとも言われています。景時はそうやって頼朝に取り入り、頼朝の一番の腹心となったことで、頼朝の死後、頼朝への御家人たちの不満を一身に受けて殺されてしまいます。しかし、上記のように景時はあくまでも義経を補佐する立場ですから、讒言のしようもありません。むしろ義経にこうした忠告や進言をしないほうが、職務怠慢となるのです。

景時の進言の中身について考えてみると、義経は大将です。本来であれば、戦場では味方の軍の一番後ろにどっしりと構えて戦況の全体を把握し、さまざまな決定を下す役割なのです。実際の戦闘は、軍奉行が行うものであり、またその軍奉行ですら、先陣を切って戦うような役目ではなく、やはり後方からさまざまな指示を出して、軍を統括していくことがその役割です。

にもかかわらず、義経はまるで一兵卒のように先陣を切って戦おうとします。放っておくと、「俺に続け！」と我先に突撃しかねない。まさに景時が言うように、「思慮のない猪武者」のようです。優秀な武士であっても、兵を率いる武将の役割としては違うと思います。

屋島の戦いでの奇襲は偶然!?

屋島の戦いでは、義経がわずかな舟で海を渡り、阿波国(現在の徳島県)から入って平氏の背後を叩くという奇襲が成功し、源氏の勝利となりました。しかし、その奇襲にしても、大将の義経が、周囲の制止も聞かずに嵐のなかを出港したことが発端だと言われています。屋島に直接、突撃したものの、嵐によって舟が流され、現在の徳島側に流れ着き、そこから高松のほうへ進軍したのです。結果的にそれが奇襲となったということでした。いわばこの勝利は結果論に過ぎず、かなり危うい戦い方だったことがわかります。

このときの義経の舟での進軍についても、私は実際に検証したことがあります。鎌倉幕府の公式の記録である『吾妻鏡』には、このときの義経の記録が残っており、何時に出港して何時に徳島に着いたのか、おおよその時間がわかります。そこから舟の時速が算出できたのです。

実際にその速度を体感してみたのですが、もう立ってられないくらいのスピードでした。当時はこれに30キロくらいの鎧兜を装着しているわけですから、足元がふらつき海へ落ちてしまったら、もう助からないでしょう。ですから、義経の戦い方というのは、一か八かに近い、極めて荒っぽいものと言わざるを得ません。ほとんど〝ヤンキーの喧嘩〟みたいな戦い方なのです。

ですから、義経が本当に優れた武将だったかどうかには、やはり疑問が生じるのです。

非戦闘員にも弓を引いた壇ノ浦の戦い

敗走を続ける平氏一門は、いよいよその終焉の地である壇ノ浦にまで追い詰められます。この壇ノ浦の戦いの際、源氏側は実際に源義経が舟を率いて、平家と戦いました。義経はこのとき、完膚《かんぷ》なきまで打ちのめし、平家を滅ぼしたと言われています。それが義経の功績だったとされますが、そもそもの話、平家の人が負けたとき、ことごとくが鎧を着たまま、海のなかへと沈んでいったわけです。負けが濃厚となれば、全滅する前に逃げ延びて、また再起を図ればよかったはずです。しかし、平家側にはそれができない理由がありました。

壇ノ浦は現在の山口県下関市の関門海峡にある浦です。平家側は東側からくる源氏の攻撃を逃れて、九州側に逃げ延びたいわけですが、実は九州の陸地はすでに源範頼によって押さえられてしまっていたのです。

範頼は壇ノ浦の戦いの前に、九州へと渡り、太宰府にあった平家の拠点を攻めて、占拠していました。範頼が何もしていなければ、平家軍は九州へ敗走することができました。ですから、功労者は義経だけでなく、範頼も壇ノ浦の戦いの勝利に大きく寄与していたのです。それを全て義経の功績だとするのは、やはりおかしいでしょう。

また、義経がこの壇ノ浦の戦いで掟破りの戦い方をしました。いわゆる「水主《かこ》」、「梶取《かんどり》」とも言われますが、要は舵取りであり船頭です。その船頭を「射殺せ」という命令を出したのです。梶取を務めたのはただの一般人。軍人に対しての民間人です。つまり兵隊ではない非戦闘員だったのです。

当時の武士の暗黙のルールとしては、そうした非戦闘員は戦の際に殺したり、攻撃したりしてはいけないことになっていました。

読者の皆さんのなかには、「戦なのだから生きるか死ぬかだ。非戦闘員だろうが戦場にいる限りは死んでも文句は言えないだろう」と思う方もいるかもしれません。しかし、当時の武士たちの間にも、のちの「武士道」に似た「兵《つわもの》の道」のような、暗黙の道理があったのです。だからこそ、武士の鑑として畠山重忠のような人間が讃《たた》えられているわけですが、こうした「兵の道」が強烈に武士たちの価値観に根付いていました。その道理に従うと、「非戦闘員を攻撃する奴は卑怯者だ」「武士の風上にも置けない」ということになるのです。

それを率先してやってしまった義経は、明らかに悪い意味での掟破りです。その結果、平家軍は機動力を失い、源氏の大勝利となりました。当時の武士たちの価値観からすれば、義経は卑怯者だったと言わざるを得ません。

平家を滅亡まで追い詰めたのは、義経のやりすぎのせい!?

この壇ノ浦の戦いによって、平家の主だった有力者は皆、戦死してしまいました。

安徳天皇も、三種の神器のうちの天叢雲剣（草薙剣）も、海の藻屑と消えてしまいました。

そもそも頼朝が義経に何を命じたかと言えば、平家方に連れ去られていた安徳天皇と三種の神器の奪還でした。京都では、安徳天皇の弟である後鳥羽天皇が一応、即位していましたが、三種の神器を有する安徳天皇が正統な天皇であることは揺るぎません。このままでは仮に平氏が勢いを盛り返した際に、三種の神器がない状態で即位した後鳥羽天皇を「偽物の天皇」と言われなくもない。そのため、頼朝としては賊に奪われた天皇と三種の神器をなんとしても奪還しなければならなかったのです。

ところが、その安徳天皇は壇ノ浦の戦いで、平氏一門とともに入水し、崩御してしまった。三種の神器も、八咫鏡《やたのかがみ》と八尺瓊勾玉《やさかにのまがたま》は奪還できたけれども、剣は平氏とともに海へと沈んでしまい、永久に失われてしまった……。

範頼が九州を押さえ、平氏の退路を断った時点で、義経は平氏が降伏しやすいところまで打撃を与えればよかったのです。しかし、義経は平氏をことごとく滅ぼした上に、安徳天皇と三種の神器を失ってしまった。頼朝からしてみれば、負けなかったのだから及第点ではあるでしょうけれども、腹のなかでは「もっとうまくやれよ」と思っていたのかもしれません。

兄・頼朝との確執と対立

ですから、義経の功績がそこまで素晴らしいものだったかというと、実はその評価は難しいところがあるのです。このように考えると、義経の功績のほとんどが、ケチをつけることができてしまう。その意味では、義経が本当に優秀な武将であったのかどうかというと、やはりイマイチだったのではないかという気がします。

何よりもそれを裏付けているのが、のちの頼朝との対立です。最大の確執となったのが、後白河上皇による義経の重用と任官の問題でした。

次章でも触れたいと思いますが、御恩と奉公の関係と言われるように、武士の政権は、主従関係を基本としています。とりわけ、「武士の、武士による、武士のための政権」である鎌倉幕府を打ち立てた武士たちにとって、最も重要なことは所領の安全を保障してもらうことでした。この政権の棟梁たる頼朝は、自らの名のもとに、主従関係を結んだ武士＝御家人の所領を安堵します。これが御恩です。この御恩に報いるために、御家人は有事の際に自らの武力でもって、政権を脅かす勢力と戦います。これが御恩に対する奉公になります。武士の政権はまさに、武士の権益を守るために存在したのです。

また、御家人が官位・官職を得るときにも、基本的には自分たちの政権を通して行われました。鎌倉幕府から朝廷へ伺いを立てて、特定の位や役職に任じられるわけです。これは主従関係を明確にし、政権の基盤を固めるための必要な手続きでした。褒美をくれるのが主人であり、それに報いるのが部下ということです。

そうだったにもかかわらず、義経は頼朝や幕府を介することなく、後白河上皇から直接、京都の治安を守る検非違使《けびいし》に任官されたのです。官位・官職を得るには頼朝を経由することが、鎌倉の御家人の大原則です。頼朝の弟だからといって、例外はありません。義経は後白河上皇から直接に官職を与えられたことで、兄・頼朝の権力を否定してしまったのです。

義経は、後白河上皇から立派な官職をもらえるのは、「源氏一門のほまれになる。兄も喜んでくれるに違いない」と無邪気に考えていたといいますが、むしろその兄・頼朝の怒りを買ってしまうことになりました。

義経は兄に釈明すべく、謁見《えっけん》を求めて鎌倉へ帰還しようとします。しかし、頼朝はそれを拒否しました。義経は鎌倉入りすることなく、腰越《こしごえ》で足止めされました。そこで頼朝・義経の兄弟の仲は決裂し、義経は京都へ引き返すことになります。

武士たちからは不人気だった義経

後白河上皇は、政権中枢で権力を握った平氏を京都から追い出すために、木曾義《きそよし》仲《なか》を利用しました。その義仲が勢力を拡大すると、今度は頼朝を使って義仲を討たせ、さらに平氏追討を実現させました。

すると今度は、頼朝の勢力が強まってきたわけです。これに対抗するために後白河上皇は義経を利用しようと考えたのでしょう。後白河上皇は、頼朝と義経、源氏兄弟の確執を巧みに利用したと言えます。また、頼朝にとって義経という弟は、自分の権力を否定する第一の勢力になり得る存在で、また自分に取って代わられる勢力であるという認識があったのだと思います。自分の権力を確実なものにするために、なるべく速やかに排除しておきたいという思惑が、頼朝にはあったのでしょう。

やがて、兄との確執を深めた義経に対して、後白河上皇から頼朝追討の宣旨が下ります。頼朝を討つ大義名分を得た義経は挙兵に及びますが、このとき、鎌倉の武士たちは誰一人、義経支持を表明した者はいませんでした。

この事実を見るだけで、当時からいかに義経が不人気だったかがよくわかります。義経が本当に優れた軍略家であり、優秀な武将であれば、もっと人気が高く、彼に付き従う者も出てきてもおかしくはないでしょう。しかし、誰一人、義経に付く者はいませんでした。つまり、義経の功績は、当時の人たちからするとそこまで高く評価されるものではなかったのではないでしょうか。

一方、頼朝は、伊豆で兵を挙げて以来、御家人たちと苦楽をともにし、固い主従関係で結ばれていました。鎌倉の武士にとって、頼朝は自分たちの所領の安堵を実現してくれる、自分たちのための棟梁です。反対に、義経が自分たちの所領を安堵してくれるとは、鎌倉の武士には思えなかったのでしょう。

義経は確かに戦場で物怖じもせずに敵軍へ切り込む一将校としては優秀だったのだと思います。しかし、一軍を動かす大将としては疑問符が付きます。ましてや、武士の政権を運営することなど、到底、無理だというのが、当時の鎌倉の武士たちの総意だったのです。梶原景時が義経を「猪武者」と呼んだのも、まさに的を射た表現だったと言えます。

第3章

源頼朝の虚像

京都生まれ・京都育ちの頼朝の真意はどこにあるのか

平治の乱で平清盛に敗れた源頼朝は、永暦元（1160）年3月、伊豆へと配流となりました。ともに戦った父・義朝は横死しましたが、清盛の継母・池禅尼らの嘆願があって、頼朝は命だけは取られませんでした。しかし、京都中心の当時、関東は辺境の地であり、伊豆国はまさに地の果て。流刑のなかでもとりわけ重い、遠流の地でした。古くは承和の変で橘逸勢が、応天門の変では大納言の伴善男が、同じように伊豆へと流されました。清盛としては、これほどの遠地へ流せば、もはや頼朝に再起の芽はないと踏んだのでしょう。

しかし、頼朝は北条氏や比企氏の庇護《ひご》を受け、東国の武士たちの支えによって、武士の政権を打ち立てるに至りました。平清盛は京都の貴族社会のなかで出世し絶大な権力を得ましたが、源頼朝は朝廷の勢力の及びづらい東国の地で「武士の、武士による、武士のための政権」を樹立することで、自らの勢力を保持したのでした。

頼朝が鎌倉の武士との強い主従関係によって結ばれていたことは、前章で見た通りです。そのため、頼朝は東国へ移って以降は、朝廷には近づかず、生涯を通じて、二度しか上洛しませんでした。その意味では、頼朝は東国の武士たちの一員であるということを大事にしていたと言えるでしょうか。

それとも、やはり京都生まれ・京都育ちであり、平氏のように貴族として昇進することを夢見て、自らも貴族の末端に連なる者と考えていたのでしょうか。

武士本来のあり方をめぐる2つの考え方と2つの頼朝像

京都大学を中心とする西側の歴史研究者がしばしば口にすることでもありますが、武士の本来のあり方は「京武者」であるというような言い方があります。つまり、朝廷に直接仕えているような武士が、武士本来のあり方だというのです。そうした武士は武力に秀でているだけでなく、歌のひとつも詠めて、貴族相手におべんちゃらも言える。貴族の末端として位置付けられるような存在こそが、武士本来の姿だと言います。

こうした発想の根底には、「権門《けんもん》」と称される有力な諸勢力が、相互補完の関係を保ちつつ、天皇を支えたとする国家体制、すなわち「権門体制論」という国家権力論があります。黒田俊雄先生によって提唱された考え方で、「権門」とは、近衛家や西園寺家、北畠家といった朝廷に奉仕する「公家」、比叡山延暦寺や興福寺、石清水八幡宮といった「寺家（社家も含む）」、武士たちを示す「武家」のことを指します。中世日本では、これらの勢力が天皇を中心とした権力体制を形づくっていたというわけです。そうであれば、本来の武士というのは、まさに天皇と朝廷を支える武士のことであり、この場合、「京武者」であるということになります。

この権門体制論に異を唱えたのが、「東国国家論」を提唱した佐藤進一先生でした。京都の天皇を中心とした朝廷に対し、鎌倉にも将軍を中心とした幕府があり、両者は並び立つ存在であると考えたのです。天皇を中心とした西国に対し、東国には将軍を中心とした別の国家体制があったというのが、東国国家論の骨子となります。

第1章で述べたように、庶民や地方に目もくれずに、京都の朝廷内での出世だけに終始した平安貴族による政治に対する、さまざまな不満が溜まった結果、武士が台頭するようになったとすれば、それは貴族の末端に位置するような京武者ではないはずです。庶民には向き合わない世襲の貴族社会に対する不平不満のなかから武士が生まれ、こうした貴族社会を変革していったという長いスパンで歴史を見たとき、武士とはまさに庶民の代表であり、地方の代表であったと言えます。

貴族たちは地方に任官せずに、自分の代わりを派遣するなどして、形骸化していったことも第1章で述べましたが、その結果、地方では在地領主たちが力を蓄えていきます。東国国家論的に言えば、まさにこれが武士の本来のあり方なのです。

京武者というのは言い換えれば軍事貴族であり、いわば貴族社会の金魚の糞《ふん》のようなもの。彼らに時代を変革する力はもはやありませんでした。むしろそうしたエネルギーが充満していたのは、地方の武士たちです。貴族たちからすれば、彼らは自分たちとは違う庶民社会の人間たち、特に東国は、京都の貴族からすればほとんど未開人のような扱いだったでしょう。そうした在地の代表である武士たちが、社会を変えていく担い手となり得たと私は考えています。

武士の本来のあり方に関する2つのそれぞれ異なる考え方を、源頼朝に当てはめるならば、そこにも2つの頼朝像が導き出されるでしょう。

頼朝はあくまでも、「京都生まれ・京都育ちの自分はやはり京都の人間である」という自意識を変わらずに持っていたとするのか。

あるいは、長い年月をかけて東国の武士と苦楽をともにし、遂に鎌倉に軍事的な拠点を築き上げ、「武士の、武士による、武士のための政権」を築くに至ったことで、東国の武士社会に根ざし、東国の武士として、貴族社会を変えていく担い手になるのだという自意識が強かったと見るのか。

頼朝よりも前に、武士ながら貴族社会で出世し、頂点を極めたのが、平清盛でした。清盛は確実に前者の、京都中心に動いた武士です。太政大臣にまで上り詰め、位人臣を極めましたが、さすがの清盛も京都に入り浸っているのは危険だと考えたのか、現在の神戸にあたる福原に拠点を移しました。とはいえ、京都を中心とした畿内の影響下からは大きく動いていません。

清盛の息子や孫たちに至っては、より貴族化が進んでいます。清盛の長男・平維盛は「光源氏の再来」とまで言われるほどのイケメンで、風流・雅やかな人間だったと伝わりますから、武士と言いながら貴族社会にほとんど同化してしまっているのです。そういうあり方をした平氏は、新しい時代を作るどころか、源平の合戦によって滅ぼされてしまいました。

頼朝もそうした貴族社会で出世し、この世の栄華を誇った清盛たちの姿を見聞きしていたわけです。自意識としては京都の貴族社会に近い思いはあったとしても、鎌倉にいたほうが身のためだと考えて、不本意ながら東国武士のトップとして振る舞っていたと考えることもできるでしょう。

いずれの頼朝像が、真の源頼朝なのか。頼朝の行動から見て、実はこの2つの像の間を揺れているように思えるのです。

頼朝は京都の朝廷に靡《なび》いていたのか？

先述したように、頼朝は東国に配流となって以降、生涯にわたって京都へ戻ることはなく、わずか二度、上洛をしただけにとどまりました。

一度目は、建久元（1190）年11月、後白河上皇と会談するための上洛です。

二度目は、建久6（1195）年3月、東大寺大仏殿の再建供養参列のために、正室の北条政子とともに上洛しました。

このたった2回の上洛であっても、東国の武士たちには「頼朝様は京都寄り、朝廷寄りになったのではないか」と不信感を抱かせるには十分だったと思われます。特に、最後の京入りとなった二度目の上洛では、頼朝と政子は長女・大姫の入内工作に動きました。いわば藤原道長や平清盛がやったことと同じように、天皇の外戚として権力をふるうという昔からの貴族的なやり方を踏襲することになります。

どこまで娘のためを思ってのことかはわかりませんが、いずれにせよ、頼朝にはどこか、完全に貴族社会のルールを否定できないところが窺えるのです。

大姫入内工作によって、「頼朝様は鎌倉を離れて、朝廷との結びつきを強めようとしておられる」と、御家人たちの反感を買った可能性は大いにあります。もちろん、鎌倉にようやく樹立した武士の政権を確固たるものにするために、朝廷との外交を重視したと言えるかもしれませんが、結局、やっていることは貴族のような振る舞いだったとすれば、頼朝は貴族の一員という自意識を捨てきれていなかったのかもしれません。

また、朝廷との外交を重ねるうちに、東国武士から頼朝が朝廷に靡《なび》いているように見えたとするならば、やはり鎌倉幕府という政権は、東国国家論が論じるところの、朝廷と並び立つ政体として、あくまでも京都から距離を取り、朝廷から独立した政権を確立したいという、東国武士の強い要望に支えられていたと考えられるでしょう。

それこそが、「武士の、武士による、武士のための政権」なのです。

京都か鎌倉かで揺れる頼朝

京都で生まれ育った頼朝には、自らが東国で樹立した政権に対して、あくまでも天皇と朝廷の信任を得ることを重視していた節もあります。新興の権力主体が、その政治権力を確立するために、先行する権力主体からその正統性を承認されるということは、政治の歴史においてしばしば起こりうることです。頼朝もそのように考えていたのかもしれません。

しかし、それは朝廷と西国の支配からの独立を望んだ東国の武士たちとは、大きく考えを異にするものでした。かつて、東国で挙兵し鎌倉入りを果たした頼朝は、平清盛が派遣した追討軍と駿河国で激突し、富士川の戦いが起こりました。

これに勝利した頼朝には、2つの選択肢がありました。ひとつはこのまま敗走する追討軍を追いかけ、京都まで攻め上がること。もうひとつは、深追いをせずに東国にとどまること。頼朝は前者を選ぼうとしましたが、東国の武士たちは後者を主張したのです。

頼朝とともに戦った在地の武士たち、三浦義澄や千葉常胤、上総広常らは、東国にとどまり、関東の統治を磐石なものとして政権を確立することが肝要だと、頼朝に進言しました。鎌倉入りを果たしたとはいえ、まだ関東にはこれに呼応しない武士勢力もあり、後方には奥州藤原氏も控えていたのです。東国武士たちは、上洛するよりも、朝廷からの影響力を脱した、自らで自らの生活を保障できるような、独立した政権を求めていたのです。

このとき頼朝は、東国武士たちの真意を理解し、上洛を諦め、鎌倉にとどまるという大きな決断をしました。ここが頼朝の賢明なところだと思いますが、他方で、慈円の『愚管抄』では、「関東のことだけを考えていればいい」と語る上総広常に対して、頼朝は「後白河上皇の命を受けている以上、京都をお守りすることは武士の義務だ」と応じたとあります。

ここに京都と鎌倉の間で揺れている頼朝の姿を見ることができますが、「関東は関東で好きにやればいい」という広常の発想は、かつての平将門のような幼稚な思想と大して変わらないのではないかと、頼朝は感じていたのかもしれません。

将門の反乱はたちまちに鎮圧されました。同じ轍《てつ》を踏まぬために、自分たちの権力主体の根拠や正統性を、朝廷から得る必要がある。そのように考えたからこそ、守護・地頭の設置、征夷大将軍への任命など、常に朝廷の承諾を前提にしながら、頼朝はさまざまな権益を確立していったのでしょう。

その最中、「関東のことだけを考えていればいい」と言った上総広常は、頼朝の腹心である梶原景時によって暗殺されました。頼朝にとって、京都とのパイプを保つために、広常の存在が邪魔になったのだろうと考えられます。

頼朝は本当に武士のリーダーだったと言えるのか

入内工作は結局、大姫本人が病気で亡くなったことで、果たせぬままに終わりました。そのわずか2年後の正治元（1199）年1月13日に、頼朝も急逝しています。『吾妻鏡』には頼朝の最晩年に関する記録はほとんど残されていません。どうやら、死の前年に落馬し、以来、体調を崩していたとされ、脳梗塞か脳溢血が原因だと考えられていますが、定かではありません。

謎の多い頼朝の死には、暗殺を疑う説もあります。建久4（1193）年5月に催された富士の大巻狩りでの曾我兄弟の仇討ち事件は、実は騒ぎに乗じて、頼朝を暗殺しようとしたのではないかとも考えられてきました。

その真相はわかりませんが、頼朝に対する不満は、東国の武士たちの間で、よほど溜まっていたのでしょう。それが、頼朝の死をきっかけに噴出していくことになります。

結果、その後の鎌倉幕府では、御家人同士の血で血を洗うような権力争いが巻き起こりました。頼朝の一番の腹心であった梶原景時は、その最初の犠牲者となります。

源氏将軍家の外戚の地位にあった比企能員、武士の鑑とも言われた畠山重忠、鎌倉幕府の侍所の長官であった和田義盛と、次々に有力御家人が追い落とされ、殺されました。頼朝の後を継いだ2代将軍・頼家、その弟である3代将軍・実朝も亡きものとされ、ついに源氏将軍家は滅亡します。

この御家人同士の「仁義なき戦い」に勝ち抜き、その後の鎌倉幕府を動かしたのが、北条氏でした。

北条氏が武士政権の実権を握ったのちには、朝廷との全面的な対立となる承久の乱へと突入します。東国の武士たちはこれに勝利したことで、改めて朝廷の影響力から脱した「武士の、武士による、武士のための政権」を確立することになったのでした。

頼朝の死後も、その後継者たちはいかに朝廷との適切な距離を保つか苦心したことを考えると、頼朝が急逝せずにもう少し長く生きていたら、より京都に接近していた可能性は否めないでしょう。

自分は京都の人間なのか、東国の人間なのか。

頼朝の自意識がそのどちらだったのかで、下手をすると頼朝は武士のリーダーであるということ自体、実は虚像だったという可能性も出てくるのです。

第4章

北条時宗の虚像

元寇から日本を守った「救国の英雄」は本当か？

鎌倉幕府はその後、執権となった北条得宗家によって運営されて、一時は安定的な政権として機能しました。

北条義時は、御家人同士の争いを勝ち抜き、承久の乱によって後鳥羽上皇を退けて、北条氏が台頭する立役者となりました。その息子である北条泰時は、「御成敗式目」を制定し、武士政権に法による支配を導入した名君となります。泰時の息子は早くに亡くなり、その後は孫の時頼が継ぎますが、水戸黄門のように諸国を歩いて世直しをした廻国伝説が残るほど、やはり有能な人物だとみなされます。建長寺を建立し、晩年は出家し禅宗に傾倒するなど、質素で堅実、宗教心に厚く、やはり名君と言われています。この北条時頼の息子が、二度にわたる元寇から日本を守ったと言われる北条時宗です。

戦前の日本では「神風」とともに、国難を救った人物として英雄扱いされました。2001年にNHK大河ドラマ『北条時宗』で主人公として描かれるなど、戦後、あるいは近年においてもやはりヒーローとして扱われています。

しかし、本当に北条時宗は、日本を救った「救国の英雄」だったのでしょうか。時宗の為政者としての才に疑問を持つのは、次のような逸話からも窺えます。

時宗の父・時頼が執権だった頃、南宋からやってきた兀庵普寧《ごったんふねい》という臨済宗の僧がいました。その厳しい性格から、「ごたごたする」という慣用表現の語源になったとも言われている人物です。時頼とは話が合ったようで、彼との語らいを大変に楽しみにしていたと伝わります。しかし、時頼が30代の若さで亡くなると、日本にはもう自分の理解者はいないと突然、中国へ帰国してしまったのです。残されたのはまだ10歳に満たない後継の時宗です。生前、時頼は、建長寺より兀庵普寧を招き、息子の時宗の家庭教師役を務めさせていました。

朝廷よりも後発の政権である鎌倉幕府は、先行する朝廷を模範としながら制度を整えたわけですが、もうひとつの模範としたのが、当時の先進国である中国でした。南宋から招いた僧侶は、第一級の知的エリートです。泰時や時頼など北条氏のトップは、深く仏教を学びましたが、中国から来日した僧侶は、仏教だけでなく先進国の知識を背景にさまざまなアドバイスを行うような存在だったのでしょう。兀庵普寧は、中国のトップクラスの禅僧である無準師範《ぶじゅんしばん》の高弟で、南宋でも有数の学識のある人物でした。その兀庵普寧が、時頼が亡くなり時宗の代となると、後継も指名せずに帰国してしまったのです。

私は、兀庵普寧は時宗に見切りをつけたのだと考えています。時宗の家庭教師でもあった兀庵普寧は、彼の才能の有無をよく知っていた。将来、有望だなと思えば、自分が教育しようと思うのではないでしょうか。けれども、時宗には才覚がなく、自分の期待にはそぐわないと判断したのでしょう。

つまり、そこまで時宗は優秀ではなかったのではないか。転じて、「救国の英雄」というイメージは作られたものであり、本当はまるで逆だったのではないか。むしろ、元寇を引き起こす原因が、時宗にあったのではないかと思える節があるのです。

鎌倉幕府は、建武政権を打ち立てた後醍醐天皇によって滅ぼされたとされるのが定説ですが、その屋台骨はすでに、二度にわたるモンゴル襲来すなわち元寇によって揺らいでいたと言えます。この頃から鎌倉幕府の衰退と滅亡が始まっていたとすれば、時宗は「救国の英雄」どころか、鎌倉幕府の滅亡の原因を作った人物だったのかもしれません。

東アジアを覆う中華思想と冊封体制

まず、元寇すなわちモンゴル軍の襲来がどのようにして起きたのか、見ていきたいと思います。

モンゴル帝国の第5代皇帝であるフビライ・ハンは、中国大陸に「元」という国をつくり、初代皇帝になろうと画策しました。その際、フビライが重視したのは、当時の東アジア世界に影響力を持った中国の中華思想です。

中華思想に基づくならば、伝統的に中国の皇帝は徳の高い人物が即位するものとなっていました。東アジア周辺の諸国には、中華の皇帝の徳を慕い、挨拶に来るという世界観があったのです。この思想のもとに成り立ってきたのが、冊封《さくほう》体制と呼ばれるものです。中国を宗主国と仰ぎ、皇帝から「お前をこの国の王として認める」というお墨付きを得ることで、東アジア諸国の国王は自らの政権の正統性を得ていました。中国の皇帝は各国を庇護下に置くと同時に、各国は中国の王朝の「朝貢《ちょうこう》国《こく》」となって大きな後ろ盾を得るというわけです。朝鮮やベトナムは朝貢国だったため、元号や文字は中国の王朝と同じものが採用されました。

朝貢国は宗主国に対して挨拶の折には貢物を持参する必要がありますが、その見返りに貢物の10倍ものお土産が持たされました。皇帝への使者の旅費・宿泊費も全て宗主国が負担するため、朝貢国にも莫大な利益があったのです。

日本はこの冊封体制に完全に組み込まれてはおらず、中国とは異なる独自の元号や文字を使用していました。しかし、隋や唐の時代に、遣隋使・遣唐使を派遣するなど、中国と国交を持ち続けてきました。

フビライの狙いは、あくまでもこの冊封体制の確立と維持です。ですからいきなり日本を攻め込んできたわけではないのです。襲来の前に、まず日本へ国書を携えた使いを派遣しています。

モンゴルの国書は、太宰府から京都の朝廷へと送られ、文章博士の菅原長成が返書の草稿を書くことになっていました。ところが返信する段となって、幕府が待ったをかけたのです。外交は幕府の役目ということで、朝廷もその意向に従いました。しかし、驚くことに、幕府はこの国書に返信しないどころか、モンゴルからの使者をもてなすこともしなかったのでした。

モンゴルの国書はどのような内容だったのか

それでは、モンゴルから送られてきた国書とはどのような内容だったのでしょう。簡潔に要約するならば、それは前述した中華思想に基づき、「私のところに挨拶に来るように」「もし来なかったら知らないからな」というようなものです。「私のところに挨拶に来るように」という前半部分と、「もし来なかったら知らないからな」という後半部分、いずれかのメッセージを強調するかで、国書の解釈は全く異なるでしょう。

この国書について、日本史研究者による研究は多くはないのですが、作家の陳舜臣先生は、「表向きは丁寧だけれども、意味するところは極めて無礼なものだ」と述べています。また、『銀河英雄伝説』シリーズで有名な作家・田中芳樹先生も、「極めて無礼な内容で、日本側がどう対応しても、モンゴルは日本を攻めるつもりだった」と述べました。つまり後半部分のメッセージを強調した解釈を示したわけです。

陳先生も田中先生も、国書の表向きの丁寧さではなく、その意図を読み込めと語ります。しかし、私たち歴史研究者がこうした史料を読む際に第一に押さえなければならないのは、表向きの「形式」です。現代でも手紙を書く際には、「拝啓」から始めて「敬具」で終わるように、文書には一定のルールやマナーがあるのです。国書を分析する際にも、こうした一定の形式を踏まえながら、その中身を読み解いていかなければなりません。

フビライの使者が携えたモンゴルの国書の形式を見ると、最後に「不宣」と記されています。これは自分が高く評価している相手や友人に対して使う言葉です。相手を低く見ているときには絶対に使いません。モンゴルからこのような形式の国書が来たということは、決して日本を軽く見てはいないことを意味しています。対等な立場にある外交相手として、日本をそれなりに尊重していたと考えるのが自然でしょう。

モンゴル史研究を専門とする京都大学名誉教授の杉山正明先生は、こうした国書の形式からいって、「フビライは、もともと日本を本気で攻めようとは思っていなかったのではないか」と述べています。つまり、「私のところに挨拶に来るように」という友好的なメッセージのほうに重きを置いて、国書を読み解いたのです。

国書を理解できない朝廷と「既読スルー」の幕府

いずれにせよ、こうしたモンゴルの国書を、当時の朝廷や幕府の人間たちは、どのように読み解いたのでしょうか。ここが非常に厄介なのですが、おそらく平安時代前期までの貴族であれば、こうした国書を読み、その意図をすぐに理解できたことでしょう。当時の貴族たちは漢文や漢詩など、中国の文物に関する教養が非常に高かったのです。

しかし、第1章でも述べたように、平安時代中期・後期以降、日本は内向きとなり、遣唐使も派遣されず、中国的な教養がみるみるうちに減退していってしまいました。時として国風文化が花開いたという評価になるのですが、当時の東アジア情勢をめぐる国際感覚からすると、明らかな衰退なのです。

かつて奈良時代のエリートが命懸けで中国に渡って、貪欲に知識や文化・制度を取り入れようとしていた頃とは打って変わって、平安時代の中期以降、そういう姿勢がなくなっていきました。その結果、貴族たちは「夜郎自大《やろうじだい》」という言葉がピタリと合うように、「日本すごい」としか言わなくなるのです。

このモンゴルの国書も満足に読めなくなっているところに、さらに日本側の国書を返さなければなりません。朝廷で作られたその国書の下書きが残っていますが、そこには、「我が国は神の国である」というお決まりの文章から始まり、「あなたの国は日本がいかに偉大かわかっていないのではないか」という、非常に上から目線の、まさに夜郎自大的なことが書き連ねられているのです。

モンゴルと日本では明らかに国力が違うのですが、そうした国際感覚と冷静な分析ができる人間は、当時の朝廷にはいませんでした。かつて遣隋使・遣唐使を派遣していた頃に培《つちか》われた国際意識は、完全になくなっていたのです。

これに待ったをかけたのは、先ほども述べた通り、鎌倉幕府のほうでした。しかし、差し止めるまではよかったけれども、幕府の側にも国書を作る能力がなかったのです。これは完全に幕府の怠慢としか言いようがありません。結局、幕府はフビライからの使者と国書を無視するほかありませんでした。まさに、今で言うところの「既読スルー」です。

フビライの使者による正確な日本分析

国書の形式だけでなく、もうひとつ、フビライがもともと日本を侵略・征服しようとしていなかった証拠があります。それがわかるのが、フビライから日本へと派遣された趙良弼《ちょうりょうひつ》の記録です。彼は1年ほど日本に滞在して、見聞したことをつぶさに記録し、レポートとして本国に提出しました。それを読むと、およそ、次のように報告されていたのです。

「日本の国土は肥沃《ひよく》でもないし、農産物も豊かには実りません。掘っても何も出ないし、目をひく特産物もありません。わざわざお金を注ぎ込んで、遠征し、攻める必要もないでしょう。兵を出したところで、何もよいことはありませんから、日本との戦争はやめてください」

つまるところ、日本は貧しい国であるから、侵略したところで旨味《うまみ》はないと、趙良弼は日本を分析したのです。確かに当時の日本は、中国からすれば目立った特産品のない地域でした。平清盛がよく日宋貿易を成り立たせたなと感心するほど、輸出品は貧相なものばかりだったのです。清盛の頃はまだ平泉から採掘された金がありましたが、フビライの使者が来日した頃は、金もあらかた掘り尽くしてしまった後のことです。

一説には、フビライは日本で採れる「硫黄」を求めて、日本を征服しようとしたのではないかと言われることもあります。モンゴルは火薬製造に着手し、硫黄と木炭、硝石を必要としていました。しかし、モンゴルでは硫黄が手に入らず、一方の日本は火山列島ですから、天然の硫黄が豊富に採れます。これを求めて日本を侵略しようとしたのではないかというのです。

確かにモンゴル軍は火薬を武器として活用していました。しかし、当時、他国を攻めてまで欲しがるほどに実用化されていたのか、疑問は残ります。歴史的には

100～200年早いでしょう。室町時代に入ると、日明貿易によって日本から中国へ硫黄が輸出されるようになりました。平和的に交易によって手に入るものを、わざわざ戦争をしてまで奪う必要もないでしょう。

つまり、趙良弼の分析とレポートは非常に正確だったと言わざるを得ません。やはり、フビライは日本を侵略するつもりはなかったのだと思います。

北条時宗と鎌倉幕府が元寇を招いた!?

いずれにせよ、鎌倉幕府はモンゴルからの使者と国書を再三にわたり、無視をし続けました。なぜ、鎌倉幕府が頑なな姿勢を崩さなかったのかは、よくわかっていません。

当時の鎌倉には、中国からやってきた高僧が暮らしていました。執権・北条時頼の招きで、建長寺を建てた蘭渓道隆《らんけいどうりゅう》や、先述した兀庵普寧らが鎌倉にやってきていました。時頼はこうした禅僧たちと対話できるほどに賢い為政者だったのです。こうした高僧からアドバイスを受けて、国書を作ることもできたはずです。しかし、その時頼が亡くなると、兀庵普寧は時宗に見切りをつけて、帰国してしまいました。

北条時宗と鎌倉幕府が何を考えて、フビライの使者や国書を無視し続けたのか、どのような意図でそのような判断を下したのか、詳細はわかっていません。ただ事実としてわかるのは、稚拙ながら外交努力を試みようとした朝廷に対し、北条時宗をトップとする鎌倉幕府は、待ったをかけながらも、何もしないまま放置したということだけです。

既読スルーされたフビライは、メンツを潰されました。その結果、時宗はフビライの怒りを買ったのです。そして、とうとう文永11(1274)年の文永の役で、フビライは日本に軍勢を送り込んだのでした。

つまるところ、北条時宗は元寇から日本を守った「救国の英雄」なのではなく、フビライに日本を攻めるきっかけを与えてしまった、無能な為政者ということになってしまいます。

文永の役は〝威力偵察〟だった

いずれにせよ、こうしてモンゴル軍が文永の役と弘安の役の二度に分けて、日本に攻めてきました。最初のモンゴル軍襲来となった文永11（1274）年の文永の役では、モンゴル軍は対馬に侵攻したのち、九州地方に襲来しました。軍勢はおよそ3万人で、その後の弘安の役の動員数14万人からすると、4分の1程度の数でしかありません。そのため、最初のモンゴル軍襲来は、本格的な侵攻ではなく、威力偵察だったとされます。

自衛隊でも使われる言葉ですが、威力偵察とは、敵の戦力などを見極めるために偵察部隊を派遣することです。それなりの戦闘能力がなければ、万が一、敵に遭遇した際に全滅してしまう恐れがあることから、一定の戦力を持って、戦闘ができる規模で派遣されるのが通常です。つまり、最初の侵攻は威力偵察だったため、モンゴル軍は幕府側の出方を見定めて、ある程度のところで撤退を決めたのです。元寇の際に神風が吹いて、モンゴル軍を壊滅させたと言われますが、最初の文永の役では、武士たちがなんとか頑張って守り抜いたのでした。

この文永の役の後、フビライは杜世忠《とせいちゅう》という使者を日本へ派遣しました。ところが、北条時宗は使者の言葉には聞く耳を持ちませんでした。それればかりか、使者団一行の首を刎《は》ねてしまったのです。

あまりの蛮行に呆れたフビライは、交渉の余地はないと判断したのか、弘安4(1281)年、再び軍勢を日本へと送りました。今度は、文永の役のような威力偵察ではありません。14万の軍勢を遣わして、本腰を入れた攻撃を仕掛けてきたのです。これがいわゆる弘安の役です。このとき、絶妙なタイミングで台風が来て、暴風が吹き、モンゴル軍は撤退を余儀なくされました。これがいわゆる「神風」と、のちに言われるものです。

国際情勢に疎く外交下手の鎌倉幕府

この「神風」にしても、なぜモンゴル軍はあっけなく撤退したかといえば、それは軍の士気に関わる話でもありました。元寇の頃、朝鮮半島の高麗は、すでにモンゴル帝国の属国となっていました。また、弘安の役の少し前には、中国の南宋という王朝が滅ぼされていたのです。

その結果、元寇の際に駆り出されていた兵は、高麗や南宋の兵たちだったのです。14万にも及ぶ軍勢の多くは正規のモンゴル軍ではなく、こうして集められた高麗や南宋の者たちでした。彼らに「モンゴルのために命を懸けて戦おう」などという意志はありません。

つまり弘安の役におけるモンゴルの大軍勢の大半は、さほど士気の高くない兵ばかりだったのです。その結果、台風の直撃を受けたら、そそくさと撤退してしまったのだろうと思います。弘安の役でモンゴル軍を撃退できたのは、神風もさることながら、こうした偶然の結果であり、北条時宗ら為政者の手腕では全くなかったのです。

さて、少し時は遡りますが、日本がフビライの使者を無視している間、モンゴルは朝鮮半島へ侵攻し、高麗を打ち倒しました。高麗の正規軍である三別抄《さんべつしょう》は、元への降伏を承伏しかねて、徹底抗戦の構えを見せていました。高麗国王の一族を立て、自分たちの正統性を主張しながら、朝鮮半島全体で武力抵抗を続けました。その反乱の最中、三別抄は日本に援軍を求める使者を派遣しています。この使者からの書状は、「高麗牒状《ちょうじょう》」と称されますが、朝廷へと届けられ、その内容をめぐって大激論が巻き起こりました。その際に作られた「高麗牒状不審条々」というメモが、東京大学史料編纂所に保管されています。

その朝廷側のメモには、「数年前に届いた高麗王の手紙では、モンゴルは偉大であり、徳があると絶賛されていたが、今回はモンゴルに対する悪口ばかりだ。いったいどういうことなのか」「前回は年号が書かれていたが、今回は書かれていない」「援軍を送ってくれと書かれている」などと記されています。いかに朝廷が国際状況を理解できず、困惑に陥っていたかがよくわかります。

当時の日本は、正式な国交はありませんでしたが元とも貿易を行っていました。先述したように、中国から高僧が来日することもありました。対応しようと思えば、情報を収集し、より多角的な検討や議論もできたはずです。にもかかわらず、それを行った形跡はありませんでした。

武士たちはモンゴル軍を撃退したが褒美はもらえなかった

一応は二度にわたるモンゴル軍の襲来を食い止めたわけですから、きっかけを作ったのが北条時宗と鎌倉幕府だったとはいえ、日本側の勝利であることは間違いありません。問題はその後でした。当時の武士たちには、勝った側が負けた側の財産を奪うことができるという不文律がありました。

たとえば、承久の乱で朝廷を破った鎌倉幕府は、朝廷側に加担した貴族・寺社・武士の全国の所領3000カ所の全てを没収することができました。こうして得た土地を、幕府のために命を賭して戦った御家人たちの褒美にあてることができたのです。

武士にとって何よりも重要なのは、土地です。第2章で述べた通り、御恩と奉公の関係で重要なのは所領地の安堵でした。幕府は武士の土地を安堵し、また恩賞として新たな土地を加増します。この御恩に報いるために、武士は命を賭して、将軍と幕府のために戦い、奉公をするのです。

ところが、元寇の場合には、モンゴル軍を撃退し勝利したものの、御家人に配る新たな土地を得ることができませんでした。そのため、満足な恩賞を与えることができなかったのです。

当時、京都周辺の土地は貴族・寺社の荘園に属していました。そこには将軍と主従関係を結んでいない、御家人ではない武士が多数いたのです。しかし、元寇に際して、幕府は日本全体の危機だとして、御家人であるかないかの違いは関係なく戦おうと呼びかけました。

これに呼応して、御家人以外の武士たちも、対モンゴル軍の防衛戦に動員されたのでした。

元寇ののちには、このような御家人以外の武士たちからも、きちんと褒美を出してほしいという声が上がりました。

ところが、褒美として与えられる新しい土地は手に入りませんでした。御家人への褒美も事欠く以上、御家人以外の武士たちにはなんの褒美も与えられません。こうして、幕府を支える御恩と奉公の関係が崩壊することになったのです。

時宗は「鎌倉幕府滅亡」のきっかけを作った張本人!?

こうして元寇の結果、武士たちの鎌倉幕府への不満が高まっていきました。やはりそもそもの元寇の引き金となった、幕府や朝廷の外交が非常に不味《まず》かったと言えるでしょう。本章で説明したように、フビライはもともと、日本には挨拶を求めるだけで侵攻する気はありませんでした。そのフビライを怒らせたのは、何もしなかった北条時宗と鎌倉幕府です。このとき、時宗と幕府がきちんと礼を尽くして、使者をもてなし、国書に返信していたら、元寇は起きなかった可能性が高いと思います。

やはり問題は、時宗と幕府、朝廷も、フビライの真意を理解できなかったことです。その意味では、本章の冒頭でも述べたように、代々優秀な人間を輩出し、名君続きだった北条氏も、世襲が続いたなかで、8代執権である北条時宗のあたりから、その資質に疑問のある人物ばかりになってしまったと言えるでしょう。少なくとも、時宗の対応が、北条氏と鎌倉幕府に対する武士の信用を損ねる結果となったのは確かだと思います。

また、問題はフビライの国書への対応だけではありません。事後処理についても、やはり問題がありました。武士にとって重要なのは恩賞として得られる土地です。幕府への信用失墜を回避するならば、何を置いても、この恩賞としての土地を用意しなければならないのです。

新しく獲得した土地はありませんが、そもそも北条得宗家はたくさんの所領を有していました。このとき、時宗が身銭を切って、「少ないけれども」と北条氏の土地を褒美として分配するような誠意を見せていれば、結果は違ったかもしれません。

しかし、時宗はそのような判断をすることができませんでした。むしろ「文句があるならかかってこい」と言わんばかりに、北条得宗家に所領を集め、より権力と軍事力を集中させる策を講じたのです。このような時宗の外交ミスと出し惜しみが、元寇を誘発し、武士の不満を募らせ、鎌倉幕府の滅亡を引き起こすことになったのでした。

このように考えると、やはり北条時宗が「救国の英雄」というのは、虚像に過ぎなかったと言わざるを得ません。

第5章
足利尊氏の虚像

足利尊氏は優柔不断で何を考えているかわからない!?

室町幕府を開いた足利尊氏は、しばしば優柔不断で何を考えているかわからないと言われることがあります。後醍醐天皇の倒幕命令に呼応して鎌倉幕府に反旗を翻《ひるがえ》したと思ったら、今度は後醍醐天皇にも反旗を翻し、ともに倒幕に動いた新田義貞と戦いました。さらに苦楽をともにした弟・足利直義とも対立すると、最終的には直義を死に追いやっています。

また、その行動においても、後醍醐天皇の倒幕命令になかなか呼応せず、幕府の命令で後醍醐天皇の捕縛に赴くその道中で、ようやく後醍醐天皇側につくことを決断するなど、優柔不断のように見られる点が目立ちます。その決断の遅さは、新田義貞と戦うことに躊躇《ちゅうちょ》を見せ、直義軍が敗北したところでようやく動き出すというように、尊氏の人生の端々で伝わってくるエピソードです。

それゆえに尊氏の真意がいったいどこにあるのか、よくわからない謎めいた人物として、語られることがよくありました。

特に近年ですと、直木賞を受賞した垣根涼介先生の『極楽征夷大将軍』（文藝春秋）の主人公として、「やる気なし」「使命感なし」「執着なし」のつかみどころのない尊氏像が、「極楽殿」として描いています。また、以前、私も対談して一緒に新書を出しました作家の門井慶喜先生も、尊氏を称して「うじうじ尊氏」とおっしゃっていました（『日本史を変えた八人の将軍』祥伝社新書）。

足利尊氏は「わけのわからない人」というイメージが浸透しているように思いますが、私はそれ自体が「虚像」なのではないかと思うのです。つまり、尊氏のひとつひとつの行動は、何も理由なしのものではなく、その時々でやるべきことをきちんとやった結果ではないかということです。

高まる鎌倉幕府への不満と「悪党」の台頭

足利尊氏の行動について説明するためには、まずそれに至る背景から少し詳しく述べていきたいと思います。前章で取り上げたように、元寇以降、鎌倉幕府の屋台骨は大きく揺らぎました。元寇の後、北条時宗が若くして亡くなると、鎌倉幕府を二分するような内乱が起きます。いわゆる「霜月騒動」と呼ばれるものです。この騒動で勝利した平頼綱の一派は、言ってみれば御家人ファーストを謳《うた》っていました。

武士には鎌倉幕府と直接、主従の関係を結んだ御家人と、御家人以外の武士がいましたが、平頼綱派は御家人第一主義を謳うことで御家人の味方を大勢引き入れることに成功したのです。これによって、敵対した安達泰盛の一派はことごとく滅ぼされてしまいます。安達泰盛らは御家人だけでなくそれ以外の武士の利益もちゃんと考えようとしていたのですが、霜月騒動によって敗れたことで、御家人ファーストがますます加速していきました。鎌倉幕府は、御家人の利益しか考えない体制へと舵を切り、その結果、登場したのが永仁の徳政令です。

時宗の後継となり、9代執権となった北条貞時によって制定された永仁の徳政令は、御家人の土地を守ることを主眼とする法令です。御家人が自分の土地を御家人以外の人間に譲った場合、後からその土地を無償で返却してもらえるという、御家人以外の人間からすればとんでもない法令でした。御家人同士で土地の売買を行ったとしても、売買から20年が経過していれば返却してもらえました。しかも、御家人以外の人間に土地を売った場合には、20年の縛りは適用されず、無条件で土地を取り返すことができました。

土地を第一に考えてきた武士は、基本的には農業が中心です。しかし、そんな武士であっても目新しい物品が入ってくれば、当然欲しくなるのが人情というものでしょう。鎌倉幕府も後期になると、次第に最も大事にしてきた土地を切り売りしてでも、こうした物品を手に入れようとする武士が次々に出てきました。他方、幕府の財産となるのは、御家人が持つ土地です。御家人が土地を売り払ってしまえば、自動的に幕府の財産も減っていってしまいます。永仁の徳政令はとんでもない悪法のように思えますが、このような背景のもとに、御家人ファーストへと傾く鎌倉幕府が御家人の権益を守るとともに幕府の財産を保護するために打ち出したものだったのです。その結果、永仁5(1297)年に発布され、元弘3(1333)年に鎌倉幕府が滅びるまでの37年間、ずっと有効な法令となりました。

このあからさまな御家人優遇の法令により、鎌倉幕府の評判はさらに悪くなっていきました。特に不満が強かったのは、御家人以外の武士たちです。彼らはやがて、幕府に反抗的な行動を取るようになりました。社会を騒がせる危険分子として、彼らは「悪党」と呼ばれました。現代の意味で使われるような悪党ではなく、あくまでも幕府に盾突く者たちで、幕府から見れば悪い奴らということです。逆に悪党からすれば、永仁の徳政令こそ、理不尽な借金取り消しであり、まさに「反社」的な手口に見えたことでしょう。そんなあくどい幕府に反旗を翻すことは、彼らにとっては正義なのです。

幕府が置かれた東国は伝統的に御家人が多い土地柄ですが、御家人以外の武士は西国、特に荘園で活躍した武士が多かったため、畿内で影響力を持ちました。広い土地を持つ東国の御家人は農耕中心ですが、西国の悪党は、農耕だけでなく商業活動も行い、力を蓄えていきました。

後醍醐天皇の呼びかけは尊氏以外も応じなかった

前置きが長くなりましたが、このように鎌倉幕府に対する不満が高まるなかで、朝廷側でも大きな動きが生じてきます。承久の乱で後鳥羽上皇が敗北して以降、朝廷は幕府に後れを取りながらも、良好な関係を続けてきました。しかし、後醍醐天皇の代になると、この関係が変わってきます。後醍醐天皇は、政治にも強い意欲を持つ天皇だったのです。

後醍醐天皇は、これだけ鎌倉幕府への不満が高まってくれば、倒幕も可能なのではないかと考えました。実際に、正中元（1324）年の「正中の変」、元弘元（1331）年の「元弘の変」と、二度にわたって倒幕を試みたのです。後醍醐天皇は武士たちにも倒幕を呼びかけましたが、彼らの心には刺さりませんでした。それは足利尊氏も同様です。

有力御家人たちは幕府に付き従ったため、結局、後醍醐天皇の決起に呼応したのは、御家人以外の武士である「悪党」の楠木正成くらいでした。倒幕の決起は失敗に終わり、後醍醐天皇は隠岐島へと流されてしまいます。かつて、承久の乱でも、敗北した後鳥羽上皇は同じ隠岐島に流されました。後鳥羽上皇は敗北を受け入れ倒幕を諦めましたが、後醍醐天皇は全くこたえていませんでした。変わらず、打倒・幕府を強く誓ったのです。

後醍醐天皇が隠岐島に流されている間に、挙兵に及んだのが、第三皇子の護良親王です。真っ向から戦っては敵わないと踏んだ護良親王は、大和国でゲリラ戦を展開し、じわじわと幕府に打撃を与える作戦を選びました。これが徐々に事態を変えていったのです。このとき、護良親王の令旨に呼応したのが赤松円心でした。

やがて、後醍醐天皇が隠岐島を脱出し、船上山に立てこもると、ここから武士たちに「倒幕せよ」という命令を出しました。しかし、この命令も武士たちを動かすには至らなかったのです。

言い換えれば、当初、後醍醐天皇側の呼びかけに応じた武士は、楠木正成や赤松円心くらいで、何も尊氏だけが躊躇《ためら》っていたわけではありません。

しかもこの状況を一変させ、鎌倉幕府を倒すきっかけを作ったのは、後醍醐天皇というよりも、むしろ足利尊氏の行動でした。

武士たちが決起したのは尊氏が立ち上がったから

そもそも足利氏は、八幡太郎義家の孫・源義康の末裔《まつえい》で源頼朝ら源氏の嫡流に近い家柄でした。清和源氏の平賀氏・佐竹氏・武田氏とともに、うまく立ち回れば将軍になれる家系です。こうした源氏一門のなかでも、足利氏は平賀氏に次ぐ、高い地位にありました。

他方、執権としてこの頃の鎌倉幕府を取り仕切っていた北条氏は、将軍にはなれない家柄です。そのため、御家人同士の権力争いでトップに立ったとしても、無理に将軍になろうとすれば、たちまち武士たちの不満を買ったでしょう。そういう意味では北条義時以下、時の北条氏の為政者たちは賢かったと言えます。執権という地位で、実質的に政権を動かす立場にとどまりました。

同じ源氏でも平賀氏は力を持ちすぎたために、頼朝の死後、北条氏の権力争いのなかで潰されてしまいました。北条義時の父・北条時政が平賀朝雅を将軍に擁立しようとして失敗し、時政は失脚、朝雅は討たれてしまいます。これが、いわゆる「牧氏の変」というものです。

自らの権力を磐石にしたい北条氏としては、きっかけさえあれば、足利氏も潰してしまいたいと思っていたのかもしれません。事実、時政の娘の夫である足利義兼は、不穏な空気を察して、出家しています。先述した鎌倉幕府を二分した内乱・霜月騒動では、足利一門の吉良満氏が、自害へと追い込まれました。また、足利尊氏の祖父・家時は、北条氏との軋轢のなかで家を守るために切腹したと言われています。

北条氏と足利氏は緊迫した関係にあるなかで、特別な関係を築いてもいました。足利氏の名前の通り字は「氏」です。当主の名前には「氏」の字が入っていますが、もう一字は北条得宗家の当主の名前の一字をもらっています。

たとえば、北条泰時と足利泰氏、北条時頼と足利頼氏、北条貞時と足利貞氏です。尊氏も時の執権で北条得宗家のトップである北条高時の「高」の字をもらって、当初は「足利高氏」という名でした。鎌倉幕府に反旗を翻し、後醍醐天皇側に与《くみ》したのち、後醍醐天皇の諱《いみな》である「尊治」から一字を賜り、以後、「尊氏」と名を改めたのです。

また、婚姻関係を見ても、足利氏の正室は北条得宗家か、それに準じる家から出されています。尊氏の正室の登子は、第6代執権・北条長時の曾孫・北条守時の妹にあたります。

いずれにせよ、将軍になれる家柄である尊氏は、鎌倉幕府から船上山に立てこもる後醍醐天皇の捕縛を命じられました。西国へとゆっくりと進軍するなかで、篠村八幡宮(現在の京都府亀岡市)あたりまできたところで、自らの敵を北条氏と見定め、反旗を翻したのです。

それまで再三、尊氏のところにも後醍醐天皇から決起の呼びかけがありました。しかし、後醍醐天皇の命令は、武士たちの心を打たず、それは尊氏も同様のことだったでしょう。ただ、従軍の最中、これだけ執権の北条氏と鎌倉幕府に大きな不満が高まっているなかで、今、挙兵すれば北条氏を倒し、自分が武士たちのリーダーになることも可能かもしれないと思ったのかもしれません。

かつての鎌倉幕府は、「武士の、武士による、武士のための政権」でした。しかし、今は北条得宗家のための政権になってしまっている。それに対する不満すら口にすることさえ憚《はばか》られるような閉塞した状況に、御家人たちも新しいリーダーを求めていたのです。

尊氏が後醍醐天皇に与し、北条氏を討つことを決めると、たちまちに全国の武士たちがこれに呼応し、挙兵に及びました。元弘3（1333）年のことです。

武士たちにとって後醍醐天皇は自分たちが担ぐには信用できません。しかし、足利尊氏が立ってくれるならば、北条氏の専横を改めて、自分たちのための政権、すなわち「武士の、武士による、武士のための政権」を作ってくれるのではないか、という期待を御家人たちに抱かせたのです。尊氏にとっても、御家人たちの「世論」が自分の決断を後押ししたのでしょう。

尊氏の決起からわずか1カ月後、同年5月には、京都にある幕府の出先機関である六波羅探題が陥落。上野国で挙兵した新田義貞が、鎌倉へ攻撃を仕掛け、ついに北条得宗家当主・北条高時ら北条氏一族を自害へと追い込みました。こうして、鎌倉幕府は壊滅したのでした。

鎌倉幕府を倒したのは後醍醐天皇ではない

定説では鎌倉幕府は後醍醐天皇によって滅ぼされたとされます。北条高時を直接討ったのは新田義貞ですから、彼が鎌倉幕府を倒したのだと言われることもあります。

新田氏もまた、八幡太郎義家の孫・源義重の流れを汲《く》む源氏一門ではありましたが、足利氏とは大きく差が開いた勢力の弱い家でした。義貞は確かに、北条氏を倒した戦いの実働部隊を指揮した、戦場での現地責任者だったでしょう。しかし、その後ろで武士たちに命令を下していたのは、足利尊氏だったのだと思います。

というのも、北条氏を打ち破った後の論功行賞では、戦いに参加した武士たちは、恩賞をもらうために、新田義貞の陣営には向かわずに、尊氏の子・千寿王（のちの足利義詮）の陣営に出向きました。そこで、千寿王から「この戦いでこれだけの功績を上げました」という証明書を武士たちはもらったのです。つまり、倒幕の戦いで恩賞を出したのは尊氏であり、それゆえにこの戦いの司令官は新田義貞ではなく、足利尊氏だったということになります。

このことからもわかる通り、武士たちが倒幕に傾いていったのは、やはり源氏一門のトップで、北条氏に次ぐ地位にあった足利尊氏が動いたからこそ、だったのです。明確に尊氏が倒幕の意志を表明したからこそ、御家人たちは後醍醐天皇のもとに結集し、鎌倉幕府を打ち倒したのでした。

こうしてみると、誰が幕府を倒したのかは明らかでしょう。鎌倉幕府は後醍醐天皇が倒したのでもなく、ましてや新田義貞が倒したのでもない。その最大の功労者は、足利尊氏であり、尊氏の反乱に呼応した武士たちだったのです。

後醍醐天皇との対立の真相

足利尊氏や御家人たちが求めたのは、あくまでも「もっとましな幕府」であり、朝廷の復活ではありませんでした。しかし、後醍醐天皇はその現実を見誤りました。

鎌倉幕府滅亡後、後醍醐天皇による建武政権が始まると、武士のためはおろか、これまでの慣習や武士中心の政治を無視して、天皇と朝廷中心の政治運営を進めました。土地の所有権を白紙に戻し、天皇の意思を伝える綸旨によって安堵しようとしたのです。当然、武士たちには受け入れられず、反発が続きます。

建武2（1335）年、鎌倉では北条高時の子・時行と北条氏の残党が決起し、中先代の乱が起こりました。北条氏が鎌倉を奪還すると、尊氏は再びこれを取り戻すべく、京都を発ちます。この際、尊氏は後醍醐天皇に自らを征夷大将軍に任命してくれるように求めました。

将軍となれば、直接、御家人と主従の関係を結び、土地を安堵して新恩を給与することができます。御家人を味方につけるには、尊氏としては御家人に見返りを出せる立場になる必要があったのです。これも理にかなった判断でしたが、後醍醐天皇は尊氏を将軍に任命することはありませんでした。

この時点で、おそらく尊氏は後醍醐天皇の建武政権に見切りをつけたのでしょう。尊氏は自らの判断と責任で、武士たちに土地の安堵や新恩を給与する文書を作成しました。佐藤進一先生は「このときに幕府が開かれたと見ることもできる」とおっしゃっています。武士たちに土地の差配をしているわけですから、尊氏はまるで源頼朝と変わらない立場にありました。つまり、実質的に将軍として振る舞ったことになるのです。

こうして多くの武士らを味方につけ、北条時行らの追討軍を指揮しました。北条氏が挙兵した際、鎌倉には尊氏の弟・足利直義がいました。北条時行らの攻撃を受けた直義は、三河まで逃げ延びたところで、尊氏の軍勢と合流します。そこから盛り返して鎌倉を奪い返したのです。

後醍醐天皇は、尊氏が勝手に武士に土地を分配したことを見て、自分に対する謀反であるとし、新田義貞に「尊氏を討て！」と命じました。新田軍が攻めてきているにもかかわらず、このときの尊氏はなかなか行動を起こしません。痺《しび》れを切らした弟の足利直義が先に出陣しますが、元来、弟・直義は政治（行政）に長じており、軍事はからっきしで、早々に敗北を喫してしまいます。直義敗北の報を聞いた時点でようやく重い腰を上げ、箱根・竹ノ下の戦いで、新田義貞を破りました。

後醍醐天皇に反逆することに対して躊躇する尊氏像というものは、軍記物『太平記』でしばしば描かれることです。この『太平記』はそもそも後醍醐天皇贔屓《びいき》の「文学作品」ですから、史料としてはやはり価値が落ちます。その点を差し引いて考える必要があるでしょう。

新田義貞は命からがら京都へと逃れますが、ここで尊氏と直義の兄弟の間で、意見の食い違いが生じるのです。

幕府を京都へ移すという尊氏の「決断力」

箱根・竹ノ下の戦いで新田軍を退けたのち、軍議が開かれ、尊氏たちは今後の動きについて協議しました。弟・直義は鎌倉にとどまり、幕府の基盤を整えるのが先決だと主張しました。かつて富士川の戦いの後、平氏を追討するべく上洛しようとした源頼朝に対して、上総広常ら東国の武士が制止し、鎌倉にとどまったことと同じシチュエーションと言えます。

ところが軍議の翌日、足利の軍勢は鎌倉ではなく、京都に向けて進軍を始めました。直義の「朝廷に近づきすぎると滅亡の道を辿るから、鎌倉で幕府を開き、基盤固めをすべきだ」という主張は通らなかったのです。足利陣営のナンバー2である直義の意見が退けられたということは、それは誰の意向かと言えば、ひとりしかいません。「そうだ、京都へ行こう」と言い出したのは、きっと尊氏だったのではないでしょうか。

弟・直義は、鎌倉幕府が成立して以来の伝統的な棲《す》み分けである「武士の政権は東国に、貴族の朝廷は京都に」という点にこだわりました。対する尊氏は、東国で力を蓄えた武士政権が、京都へと進出することを考えていたのです。こうして、尊氏は新田軍を追って、京都へと進軍しました。

こうして、建武3(1336)年に建武式目が制定されました。教科書的に言えば、このときに室町幕府が開かれたとされています。この建武式目の冒頭には、「鎌倉もとの如く柳営たるべきか、他所たるべきや否やの事」、つまり「幕府をどこに置くべきか」に関する文章が付されています。もとのまま幕府を鎌倉に置くのか、あるいは他の場所に移すのか、建武式目の冒頭に置くほどに、尊氏の新しい政権にとって特別な課題であったことが窺えるでしょう。

この条項ではおよそ、次のようなことが語られています。すなわち、「鎌倉の地は、初めて武士が政権を構え、承久の乱で勝利した北条義時が天下を取った、非常に縁起のよい場所柄である」「ところが北条得宗家の専横により滅亡してしまった」「政権の場所の興廃は、よい政治かどうかで決まるものだ」「ただし、皆が幕府を鎌倉から移したいのであれば、多数意見に従おう」というわけです。

つまり、北条氏が悪い政治をしたために鎌倉幕府は滅んだけれども、鎌倉という場所が悪いわけではないから、そこにとどまろうと示唆しながら、最後に「ただし、諸人もし遷移せんと欲せば、衆人の情にしたがふべきか」と、多数の意見があれば、他に移してもよいだろうと述べているのです。

結果、尊氏は京都に幕府を移しました。足利氏の本拠は下野国の足利で、屋敷は鎌倉にあります。ですから、このときの尊氏の選択は、相当な覚悟の上での大きな決断でした。

土地から貨幣、農業から商業への転換

東国に武家の政権を置くことは、京都の朝廷とは距離を取るという鎌倉幕府が発足して以来の武士政権の姿勢でした。直義は伝統に則って、鎌倉にとどまることを主張しました。これを大きく変革したのが尊氏です。この大改革以降、武士の拠点は鎌倉から京都へと移りました。鎌倉幕府、江戸幕府という呼び名に倣うならば、室町幕府とは「京都幕府」とも称されるでしょう。

それではなぜ、尊氏は京都に政権を移したのでしょうか。

そもそも、政権とは、きちんとした財政基盤が確立されていなければいけません。政権の統治下にある人々から税を徴収することで、財政が成り立つのです。東国に置かれた鎌倉幕府では、武士たちは広大な土地を所領としていました。武士は基本的にその土地を耕すことで生計を立てていたのです。各土地に税をかけ、収穫物の米などを徴収することになります。

他方、室町幕府では土地に対する税の内実は、物資の流通に対する税を意味していました。それは経済活動に対する課税です。すなわち中心となる産業は農業ではなく、商業なのです。そこでは当然ながら、現物ではなく銭によって税を徴収することになります。

鎌倉幕府と室町幕府の大きな違いはここにあるのです。源頼朝が鎌倉幕府を開いた頃には、日本にはまだ銭による経済、すなわち貨幣経済が浸透していませんでした。ところが、承久の乱の後、国外から貨幣（宋銭）が大量に流入し、およそ1226〜1250年の四半世紀の間に、日本に貨幣経済が根づいたと考えられます。各地で商取引が活発化し、流通網が発展していきました。

その結果、土地を第一とした鎌倉幕府は大きく揺らいだのです。先述したように商取引によってさまざまな新奇な品々が流通するようになると、武士たちも物珍しさからそれらを購入するようになりました。そのために大事な土地を売り払い、銭に替える者も出てきたのです。

幕府の財政基盤は武士の土地ですから、土地が売り買いされてしまえば、幕府財政の危機に直結します。裏を返せば、鎌倉幕府はこうした時代の変化に対応できず、貨幣経済の発達についていくことができなかったのです。

一方で、西日本に多数存在した鎌倉幕府の御家人以外の武士である「悪党」は、土地に根ざした農業だけでなく、商取引によって力をつけていました。商取引における流通の中心には、東国よりも西国でずっと進んでいたのです。その流通の中心地は、鎌倉ではなく京都であり、これを押さえることはまさに経済の中枢を押さえることでもあったのです。いわば土地を重視することは時代遅れになりつつあったと言えます。

尊氏が鎌倉から京都に政権を移したことは、まさに時宜にかなった決断でした。やはり尊氏はやることをきちんとやっているように思えます。

自らの正統性を示すために南北朝の対立を利用

尊氏は当初、後醍醐天皇を担ぎ、鎌倉幕府を打倒しましたが、その後は後醍醐天皇に弓を引き、鎌倉幕府や建武政権に替わる、新しい武士の政権を樹立するに至りました。言い換えれば、天皇に反抗した逆賊になるわけです。

自分の正統性を示すには、このままではよろしくない。そこで、尊氏は後醍醐天皇とは別の天皇を担ぎ出します。

そもそも鎌倉時代の後期には、後嵯峨上皇の崩御後、後深草上皇と亀山天皇の間で、どちらの系列が天皇に即位するのか、争いが生じました。幕府の介入によって、2つの系列が交代で即位するという、いわゆる両統迭立の状態が生じたのです。後深草系の皇統は持明院統、亀山系の皇統が大覚寺統と呼ばれました。後醍醐天皇は大覚寺統です。

大覚寺統の後醍醐天皇に対する逆賊となった尊氏は、持明院統の天皇経験者、すなわち光厳上皇やその弟の光明天皇を担ぎ出し、自らの正統性をアピールしました。それがいわゆる北朝にあたります。反対に尊氏に敗れた後醍醐天皇は吉野へ移り、これが南朝となります。北朝を担いだ尊氏は、北朝にとっての逆賊である南朝の後醍醐天皇を討伐するという大義名分を得ることができたわけです。つまり、尊氏は相対的に官軍になったのです。

後述しますが、その後に起きた観応の擾乱では、尊氏は弟の直義と対立します。直義は兄との戦いに備えて、南朝に降伏しました。これで直義も南朝から正統性を得て、尊氏と戦う大義名分が得られるわけです。ところが、尊氏もまた南朝と和睦してしまいます。北朝の崇光天皇を廃し、南朝の後村上天皇を認め、年号も南朝側に統一する代わりに、直義追討の綸旨を得ました。

当時、直義は鎌倉に移っていましたから、尊氏は自ら進軍し弟を討とうと動きました。しかし、京都を留守にしている間に、南朝軍が京都へ攻め入る懸念も残ります。そのため、このタイミングで南朝と手を結んでおく必要があったのです。こうして尊氏は直義を討つと、直ちに北朝を復活させました。

このように考えると、尊氏の判断は、そのときにやるべきことをきちんとやった結果であると思えます。鎌倉幕府に替わる新たな武士の政権を、京都に確立するという目的を果たすために、常に変化する状況を見ながら、最適な一手を繰り出していったのです。「優柔不断で何を考えているかわからない」という尊氏のイメージ自体が虚像であると言わざるを得ません。

やるべきことをきちんとやっていたリアリスト

南北朝の動乱の最中で、意見の食い違いが出てきていた尊氏と直義の足利兄弟の対立は、大きな抗争に発展しました。

後醍醐天皇や護良親王には、楠木正成や赤松円心といった「悪党」勢力が味方についたことは先に述べた通りです。新政権内では、尊氏は軍事を、直義は政治（行政）を得意とし、それぞれが担当していましたが、悪党のような軍事力は、尊氏の腹心である執事（家宰）の高師直《こうのもろなお》のもとに吸収されたのだろうと考えられます。当時、派手な衣装を纏《まと》い、伝統的な権威に反抗し、秩序の破壊者として振る舞った「バサラ大名」と呼ばれる者たちがいました。その代表格がこの高師直です。既存の幕府の秩序に反抗する悪党とバサラ大名は、価値観において通じ合うものがあったのでしょう。

高師直の軍勢は非常に強力で、幕府軍の切り札と言っても過言ではありません。しかし、直義はそんな高師直と高氏一族を破り、滅亡まで追い込んだのです。

一番の腹心を殺された尊氏は、そんな直義を許しておくことができません。他方、直義は他の守護大名から信頼を得るに至らなかったため、関東へと下向し守りを固めます。先に述べたように、尊氏は南朝と和睦し、息子の義詮に京都の守りを任せると、直義追討の戦いへと赴きます。薩埵山の戦い、早川尻の戦いと続けて直義軍を退け、直義を降伏にまで追い込みます。そして、正平7（1352）年2月26日、延福寺に幽閉された直義は謎の急死を遂げたのです。

ちょうどこの日は、直義によって殺された高師直・師泰の兄弟の一周忌にあたります。偶然とは思えない符合に、直義は尊氏に殺されたのだろうと言われています。

いずれにせよ、室町幕府を確立するという大きな目的のために、ここでは弟・直義を冷静に切り捨てる判断をしたのです。残酷な言い方になるかもしれませんが、権力を確立し維持する為政者の判断としては、非常に正しく、理にかなっていると言えます。ですから尊氏はやるべきことをやっていた。冷静で、ある意味では冷酷なリアリストであり、マキャヴェリストだったと結論できます。繰り返すように、「優柔不断で何を考えているかわからない尊氏」像こそが、作られた虚像なのです。

第6章
武田信玄の虚像

武田信玄は織田信長に勝てるのか？

しばしば「戦国最強」とも称される戦国武将・武田信玄。甲斐一国から出発し、信濃を侵略、同じく「戦国最強」と言われた軍神・上杉謙信と五度にわたる川中島の戦いで激突したことはよく知られています。また、織田信長によって今川義元が討ち取られると、それまでの甲相駿三国同盟を反故《ほご》にして駿河を攻め、また三方原の戦いでは徳川家康を破るなど、戦にはめっぽう強い印象があります。

それゆえに「戦国最強の甲斐の虎」とも言われる信玄ですが、果たして本当に戦国最強だったのか。天下人にリーチまでかけた織田信長も一目置き、天下統一を阻む最大のライバルとも称されることもあります。

しかし、本当に武田信玄と織田信長が正面からぶつかったら、どうでしょうか。私は信玄が信長に勝つことはまず無理だろうと思います。それには第一に圧倒的な兵力の差というものがあります。そして、第二に目指しているものの違い、それは圧倒的なビジョンの差です。

そもそも、武田信玄は戦国最強の戦国武将だったということ自体が、虚像になるのではないかということです。

合戦の強さは「数」で決まる

武田信玄が戦国最強かどうかを考えるために、まず戦国時代における戦はどのように行われたかを押さえておかなければなりません。

鎌倉時代初期までの合戦というものは、原則として一騎討ちによって行われるものでした。プロ対プロの一騎打ちが基本であり、家来たちはおとなしくそれを見ていなければなりません。この命懸けのやり取りに唯一、割り込めるのは、「一の郎党」とも呼ばれる、主人と一心同体の家来だけです。

命のやり取りですから、そこにルールなんてあったものではないと、つい考えがちです。しかし、そんな合戦にも案外に細かな戦いのルールがあったのです。

こうした武士たちの一騎打ちの合戦は、時代が下るとともに、より集団化していきます。その大きな転換点となったのが、第4章でも触れた元寇でした。

外国勢力であるモンゴル軍にとって、日本の武士たちによる一騎打ちの作法など知ったことではありません。鎌倉武士が一騎打ちをしようと名乗りを上げているうちに、敵は集団で攻めてきました。一騎打ちでは遥かに分が悪く、武士たちもモンゴル軍との戦いによって、意識が変わったのではないかと思われます。南北朝時代では、一騎討ちから集団戦中心への合戦へと変化していきました。

集団戦において、勝敗を分けるのは一騎当千の英雄豪傑ではありません。何をおいても重要なのは数であり、それが兵力となります。

地球連邦軍とスペース・コロニーのジオン公国軍との一年戦争を描いたテレビシリーズ『機動戦士ガンダム』という有名なアニメ作品があります。観たことがあるという方も多いと思いますが、その最初のシリーズでジオン公国の総帥ギレン・ザビに、弟で宇宙攻撃軍司令官のドズル・ザビが「戦いは数だよ、兄貴!」と進言するシーンがあります。ガンダムはフィクションですが、現実の合戦でも、ドズルの言うことは当てはまるのです。

どんなに優れた英雄豪傑が1人いようとも、圧倒的な数で攻めかかられたら、ひとたまりもありません。合戦の勝敗を握るのは、どれだけの兵力を動員できるかなのです。

「戦いは数である」という原則からすると、どうしても武士のような戦いのプロだけで戦うには、武士の絶対数は限られていますから、必ず無理が生じます。そこで、駆り出されたのが、戦の素人である農民たちでした。

戦に慣れていない農民ですから、扱いの難しい武器は不向きです。ですから集団戦が主流になるとともに、素人でも扱いやすい長い槍が考案されるようになります。こうして、大勢に槍を持たせ、一方向から突撃するという戦法が取られました。これならば遠くから相手をつくだけですから、命のやり取りに不慣れな農民でも十分な戦力となるわけです。

室町時代に入ると、足軽が登場し、総力戦となりました。「戦いは数である」ことが真の意味をなす時代へと突入したのです。特に戦国時代は、数の力で相手を圧倒することがスタンダードとなりました。

兵力数で圧倒する織田信長

前段が長くなりましたが、いかに多くの兵数を動員できるかが、戦国武将の強さにつながります。それは国がどれだけの兵を養えるか、経済的な豊かさがあるかどうかに直結するでしょう。要は、武田信玄と織田信長のどちらが、多くの兵を動員できるのか。ひいてはどちらの国がより豊かなのかということになります。

信玄の場合、甲斐国を統一後は、隣の信濃国を攻め、自分のものにするためにおよそ10年の歳月を費やしました。その後、北信濃の領有をめぐり、さらに約10年間のうちに五度にも及ぶ川中島の戦いで、上杉謙信と争いました。つまり信濃を完全に掌握するまでに20年もの歳月をかけたのです。

そんな苦労をして手に入れた信濃国でしたが、石高に換算すると、およそ40万石ほど（戦国時代では石高計算はしていませんが、ここではわかりやすさを考慮し石高で統一します）。甲斐国にいたっては20万石ほどしかありません。20年を費やして、60万石しか、信玄は手に入れられていないのです。

その後、信玄は今川領であった駿河国を攻め、自分の支配下に置きましたが、これもさほど多くなく15万石ほどです。また上野国の半分ほども領有しましたが、およそ25万石程度。

これら全てを合計すると、信玄の国力はおよそ100万石ほど。だいたい40万石の領地を持つことができる大名であれば、1万人の兵力を捻出することができると言われます。この算出式は作家の司馬遼太郎先生も用いていたものですが、これで割り出すと、およそ信玄は無理せずに兵隊を集めようとすれば、2万5000人の兵を動員できると考えられます。もちろん、実際の合戦には、自分の国の守りも固めなければなりませんから、5000人を残していくとして、およそ2万人としましょう。

これに対して、天下統一まであと一歩と迫った織田信長の場合はどうだったかというと、彼の出身地である尾張は、信玄の甲斐に比べて非常に豊かな土地柄でした。尾張は、信長の父・織田信秀がまとめあげていましたが、信秀が亡くなり信長が家督を継ぐと、国内の領主らは信長に反発するようになりました。信長にとっては、まずこの尾張を平定することが急務でした。この尾張平定に10年近い歳月を費やしています。その後、西に侵攻してきた今川義元の軍勢を、桶狭間の戦いで退けました。義元を討ち取ったこの戦い以降も信長の快進撃が続きます。三河国の家康と同盟を結び、東に対する守りを固めたのち、美濃、伊勢北部と次々に自分の領地にしていったのです。尾張統一から、わずか7年のうちのことでした。

信玄は信濃一国の平定のために20年をかけたのに対し、信長は尾張・美濃の二国と伊勢北部を、30代半ばで手中に収めました。

しかも、尾張も美濃も伊勢も、いずれも生産力の高い土地柄です。尾張一国で57万石、美濃国は60万石、伊勢も同じく60万石ですが北半分として30万石とすると、合計で150万石にもなります。

信長はその後、上洛する過程で南近江も手に入れています。戦国時代の近江もまた豊かな土地で、南近江だけで少なくとも20万石の生産高があったと思います。上洛後は、堺を押さえ、商人を通じて鉄砲と火薬を手に入れることができました。

単純計算で、甲斐・信濃・駿河・西上野を治めた信玄は合計で100万石。尾張・

美濃・北伊勢・南近江を治めた信長は合計170万石。信玄がおよそ2万人の兵力とすると、信長はおよそ4万人ほど。圧倒的な戦力の差があるのです。「戦いは数である」という原則からすれば、信長が信玄に負けるはずがありません。明らかに生まれた時点で、信長のほうに地政学的なアドバンテージがあるのです。親ガチャならぬ出身地ガチャで、圧倒的に信長が優位でした。

ちなみに、武田信玄の最大のライバルと言われた、上杉謙信の場合はどうでしょう。謙信の越後国、つまり現在の新潟は米どころとして知られますが、そのようになるのは土地の改良が実現した江戸時代以降のことです。次章でも触れますが、戦国時代の頃は、越後一国でわずか35万石に過ぎません。動員できる兵数は、かなり無理をして1万人ぎりぎりといったところでしょうか。謙信の軍勢は軍記物ではおよそ8000人ほどと言われていますから、石高と兵数は合っていると言えます。

信玄も謙信も、個人としては非常に優秀な戦国大名だったと思います。しかし、自国の生産高と兵力の数では、信長には到底、敵わないのです。

海がない国に生まれたことの不運

地政学的な意味で言えば、武田信玄の場合、甲斐や信濃の生産性の低さだけでなく、もうひとつ、大きな弱点がありました。それはいずれも内陸国で、海に接していないということです。前章では足利尊氏が時代の変化を見てとり、商取引や物資の流通に着目した点を指摘しました。戦国時代にはそれがより顕著となり、交易によって国を富まし、また信長のように最新武器の銃を手に入れることが、国防の面でも重要になっていました。しかし、信玄が保持する甲斐・信濃は海に接していないため、港がありません。港がなければ交易ができず、銃を手に入れることができないのです。

信玄が10年にも及ぶ川中島の戦いを繰り広げたのも、北信濃から越後へ入り、日本海に面した豊かな港・直江津を手に入れたかったからなのではないかと思います。

謙信と信玄の間には、「敵に塩を送る」ということわざの語源となった「塩絶ち」の物語がよく知られています。内陸国である信玄の甲斐国は、今川氏や後北条氏による塩絶ちにより、深刻な塩不足に陥りました。そのため謙信は宿敵・信玄に塩を送り届けたという、「上杉謙信＝義の人」のイメージを印象付けた逸話です。

これは江戸時代に創作された物語ですが、一定の真実を孕《はら》んでいると言えます。先述したように甲斐国も信濃国も海がなく塩が採れません。そのため、他国との交易に頼るほかなく、自活できないという問題があったのです。だからこそ、信玄は10年に及ぶ川中島の戦いを繰り広げてまで、海を目指したのでしょう。

信濃国制圧は、自国の甲斐を守るための前線を広げるという国防上の理由のほかに、海へ出て港を手に入れるという思惑もあったのではないでしょうか。

信玄は北信濃へ侵攻するに際して、あらかじめ、相模国の北条氏康、駿河国の今川義元との間に、婚姻関係に基づく軍事同盟を結びました。天文23（1554）年の「甲相駿三国同盟」です。武田・北条・今川は互いに攻め合うのをやめようという和平協定でした。

この同盟によって、隣接する武田・北条から襲われる恐れがなくなった今川は、西進して遠江や三河を占領し、信長の尾張へと至りました。そこで桶狭間の戦いで、信長に敗れました。こうした侵攻が可能だったのも、三国同盟があったからこそです。それは北条や武田にとっても同様でした。北条は西からの攻撃の心配をしなくてもよくなったことで、関東平定を計画することができました。武田も背後から攻められないことを前提に、信濃を攻め、上杉の越後に至る北信濃へ侵攻することができました。

もちろん、戦国の世ですから、この同盟はいつ破られるかわかったものではありません。それだけのリスクも込みの同盟だったのです。事実、この同盟は武田信玄によって反故にされています。先述したように、今川義元が信長に討たれたことで、三国同盟の一角が崩れたのです。

これを見た信玄は、10年の歳月を費やしても手に入れることができない上杉領の直江津よりも、今川領の駿河へ侵攻することを選びました。駿河は現在の静岡県東部、およそ静岡市のあたりですが、これも先に述べたように、石高はわずか15万石ほどと、さほど生産性の良い土地ではありません。無理に同盟を破ってまで奪いにいく価値のある土地とは思えませんが、信玄はどうしても港が欲しかったのでしょう。こうして駿河湾に面した江尻を拠点に、信玄は海上交易の足がかりを得たのでした。

鉄砲を使用するためには火薬が必要ですが、その原材料は木炭、硫黄、硝石です。木炭や硫黄は日本では豊富に手に入ります。しかし、硝石は当時の技術では国内では産出できない、貴重品でした。交易を通じて外国から輸入しなければ手に入らなかったのです。

そのため、最新鋭の武器である鉄砲を導入するには、どうしても交易をするための港が必要になります。その点、いち早く堺を押さえて、鉄砲と火薬を入手できた信長は、やはり一枚上手でした。生まれた国が豊かな土地だったということも大きかったでしょうが、その幸運を最大限に使いこなすことができたところが、信長の秀でた才覚であったと言えます。

戦国大名としてのビジョンの違い

武田信玄と織田信長について、圧倒的な兵力の差があり、信玄が戦国最強とは言えないという点を見てきました。もうひとつ、信玄が信長に敵わないだろうと思う点が、戦国大名としていったいどういうビジョンを持っていたかにあります。

詳細は信長について扱う第8章で述べたいと思いますが、それは戦国大名の存在意義にも関わる話です。基本的に一般の戦国大名とはあくまでも、自国を守るために戦いに身を投じていました。何よりも重視すべきは自国の防衛と統治です。他国を侵略するのも、あくまでも前線である国境を広げて、敵国から自国までの緩衝《かんしょう》地帯を広げ、防衛線を拡張することに意味がありました。

戦前の日本では「満蒙は日本の生命線」と言われていましたが、これは日本本国を守るために朝鮮半島から満州、内蒙古と防衛線を広げていったことを意味していきます。それと同じで、戦国大名が他国を侵略したとしても、それは本来の自国を守るためでした。

これは武田信玄においても当てはまります。信玄は信濃、駿河、上野に侵攻し占領・支配しながらも、自分の居城は生涯、甲府の躑躅ヶ崎《つつじがさき》館からは移していません。私は何度か武田の本拠地である甲府を訪れたことがあります。

そこで非常に驚いたのが、武田信玄による大規模な治水事業でした。甲府を流れる御勅使《みだい》川や釜無川は、大雨が降るとすぐに氾濫してしまうような暴れ川だったのです。そこで信玄は、莫大な費用をかけて、全国から技術者を集め、治水事業に力を注ぎました。こうして造られた堤防は「信玄堤」として知られています。甲府自体、そこまで広い町ではなく、田畑も豊かとは言い難く、すぐに川が氾濫し大水が出る、なかなか厄介な土地柄です。しかし、信玄は莫大な費用を投じてまで、自らの本拠地として整備しました。そのような努力を費やしても、甲斐一国は20万石ほどにしかなりません。それでも終生、同地を動きませんでした。

また、川中島の戦いにおいても、信玄は頑なに甲府を動きません。最大のライバルである上杉側の前線基地となったのは当時の海津城、現在の松代城です。仮に信濃を治めつつ、上杉謙信を牽制するのであれば、甲斐は明らかに遠隔地でした。上杉の侵入があるたびに、海津城で食い止め、時間を稼いでいる間に甲府の躑躅ヶ崎館から本隊を出すことになります。それはあまりに非効率です。諏訪や上田など、信濃のなかでも栄えていた地域へと本拠地を移せば、もっと上杉攻略に腰を据えて当たることもできたと思います。しかし、それでも信玄は甲府を動きませんでした。

実はこれは信玄だけでなく、上杉謙信も今川義元も同じでした。謙信は生まれ育った越後の春日山城に住み続けましたし、義元も遠江、三河と領国を拡大させながらも、本拠地はあくまでも駿府で、動かしていません。遠江や三河をきちんと治めるにはやはり、駿府は遠いでしょう。それでも、動かさなかったところを見ると、これが広く一般的な戦国大名のあり方なのだということがわかります。あくまでも戦国大名は自国の独立を守ることに主眼があったのです。

ところが、織田信長だけは違いました。領地を拡大し動員できる兵の数を増やし、その強大な兵力でもって日本を統一しようと考えたのです。つまり、初めて天下統一を目指した戦国大名が信長だったのです。

織田家の家督を継ぎ、尾張を平定したのちの信長の居城は、清洲城でした。その後、美濃を領国とすると、美濃井ノ口の稲葉山城に拠点を移します。この際、井ノ口を「岐阜」に改め、稲葉山城は岐阜城となりました。第8章でも述べるように、この頃から信長は「天下布武」の印判を用いるようになります。その後、近江を攻略したのちには、琵琶湖の東に安土城を築き、居城としています。

このように信長は、領国が拡大するにつれて、本拠地を次々に変えていったのです。本拠地に縛られず、拡大した領国をしっかりと統治して運営し、兵力を蓄え、さらなる領国を拡大する。その果てには、天下を統一する。そんなビジョンが確かに信長にはあったのです。それは並の戦国大名では思いつきもしなかった全く新しいアイディアでした。その意味では信長は戦国時代にあって全く新しいイノベーターであり、天下人という野望を初めて抱いたパイオニアでもあったのです。残念ながら、武田信玄のような自分の本拠地に縛られた戦国大名とはまるで次元が違う存在だと言っても過言ではありません。

元亀3（1572）年9月、武田信玄は山県昌景ら3000の兵を先発隊として、自ら2万2000の兵を率い、甲府から徳川領である遠江へと侵攻を開始しました。信玄にとって最後の戦いとなった、いわゆる「西上作戦」というものです。死期を悟った信玄が、織田・徳川を攻め、遂に上洛を目指したとしばしば言われます。信玄は信長との決戦を望んだとされますが、圧倒的な兵力差を考えると、果たしてそうだったのでしょうか。

むしろこの戦いは、自分の死期を悟った信玄が、自分の後継である勝頼の代のことを考え、今のうちに織田信長と徳川家康の同盟勢力の力を削ぎにかかったのではないかと、私は考えています。つまり、信玄の狙いは信長との決着でもなければ、上洛でもない。徳川家康を討ち取るか、屈服させて家臣に引き入れるか、そのいずれかを画策したのではないでしょうか。こうして、信玄と家康との直接対決となる三方原の戦いへと突入していきました。少なくともこれも、信長のような天下統一を目指した戦いではありませんでした。

以上のように見ていくと、信長と信玄の間には、国力・兵力の差と戦国大名としてのビジョンの差がありありと見てとれます。それを考えると、信玄が「戦国最強」だったとするのは、虚像なのではないかと言わざるを得ません。おそらく信玄に天下統一は無理だったでしょうし、それを考えてもみなかったのだろうと思います。

第7章 上杉謙信の虚像

作られた「義の武将・上杉謙信」というイメージ

武田信玄の最大のライバルである上杉謙信は、前章で紹介した「敵に塩を送る」の逸話にもあるように、「義」の武将であると言われます。みだりに敵国を攻めたりせずに、大義名分のない、私利私欲に基づいた戦いは決してしない、神仏を厚く敬う義の武将。そんなイメージで語られることのある上杉謙信ですが、確かに領国自体は越後一国から出発して、そこまで広がってはいません。しかし、領土を拡張しようとしなかったわけでもないのです。越中や関東地方に兵を出してもいます。ただし、ある時点まではそこを上杉領に組み込むということはしませんでした。

つまり、敵の領地を攻めたりはしない「義の武将」というのは、あくまでも作られたイメージであり、虚像に過ぎません。ではなぜ、謙信はそこまで領土拡張に向かわなかったのか。ひとつには、そもそも謙信が一国の主としては大した手腕を持たず、統治が下手だったという身も蓋もない説が考えられなくもない。そのため、他国に進出しても、そこを自分の新しい領地にしようとする術が、若い頃の謙信にはなかったのかもしれません。

　もうひとつは、前章でも述べたように、戦国大名にとって最も重要なのは、自分の国を守るということ。武田信玄が甲斐を、今川義元が駿河を終生、本拠地として動かなかったように、謙信も居城である春日山城のある越後を動きませんでした。越後は現在の新潟県のように長細く、三日月型をしています。春日山城は現在の上越市、人の顔に例えるなら、顎の先に当たるような部分です。そのため、越後全体からすると西側すぎると言えます。そうであれば、居城を現在の新潟市付近まで移したほうが、越後全体を統治しやすかったのではないかと思うのですが、謙信は生涯、春日山城を動きませんでした。

　春日山城は直江津港に近いので、日本海貿易から得られる莫大な利益を確実に押さえるために、同地を本拠地としたと考えることもできるかもしれません。しかし、新潟市にも港がありますから、そちらに城を移し、港を整備すれば日本海交易を続けることもできたでしょう。それをしていないところを見ると、やはり初期の謙信は、政治が得意ではなかったのではないかと思えてきます。ただし、謙信のライバル・武田信玄も海を欲し、港を手に入れたいという欲望があったことも忘れてはいけません。金の卵を産む鶏である直江津を、信玄も喉から手が出るほど欲しかった。だから10年にもわたって北信濃へと侵攻を繰り返したのです。謙信からすれば、信玄の攻勢がある以上、うかつには動けなかったという向きもあるかもしれません。

いずれにせよ、信長のように次々に他国を攻めて領地を拡大した侵略マシーンのような戦国大名は、むしろ例外です。謙信にとっても最重要な課題は越後を守ることであり、それをきちんと果たしました。とはいえ、そのことをもって「義の武将」というならば、戦国大名の大半が「義の武将」になってしまいます。

最後の3番目に、上杉謙信の行動は、戦国時代にはほとんど機能を果たさなくなっていた、室町幕府が示す秩序をどこまで信頼していたかという問題につながる点です。室町幕府の統治機構は、トップに将軍を置き、その将軍を補佐する「管領」という役職があり、その下に各地の守護大名たちがいるという支配構造になっていました。室町幕府は第5章でもお話ししたように、足利尊氏が幕府を京都に移しました。かつての幕府があった鎌倉には、東国を統治するために第二の将軍である鎌倉公方が置かれました。やはり、この鎌倉公方にも補佐役がいて、これを関東管領と呼びます。そして、その下に関東の諸大名たちがいるわけです。

上杉謙信の悲願は、この関東管領になり、関東を平定しかつての室町幕府の秩序を取り戻すことだったとも言われています。それゆえに、そうした秩序を無視するような信長と違う振る舞いをしたというわけです。詳しくこの点を見ていきたいと思います。

室町幕府が示す秩序を信頼した上杉謙信

上杉謙信こと長尾景虎は、上杉氏の養子となり、家督を継ぐと、そのまま関東管領に就任しました。どうも謙信は室町幕府が示した秩序を非常に信頼していた節があります。室町幕府が作る秩序、つまり官職や肩書に、ある種の信頼感を抱いていたのではないでしょうか。将軍という肩書があれば将軍として振る舞える。この事実を謙信は重視し、それゆえ、関東管領という役職が本来的に持つ関東平定というものが彼の悲願となったのです。

こうして、謙信は越後から関東にやってきては関東地方の平定のために、相模に本拠を置く北条氏と戦いました。謙信の生涯の悲願が、関東平定にあるならば、関東管領としての上杉謙信の最大のライバルは、実は武田信玄ではなく、北条氏だということになるでしょう。そのためにわざわざ謙信は軍を率いて、三国峠を越え、関東地方にやってきたのです。つまり、謙信は武田と北条の両者と同時に戦う、二正面作戦を行っていたと言えます。

関東管領としての権限を行使することで、謙信は北条攻めの際、北関東の武士たちを中心に兵を募ることができました。第4回の川中島の戦いの前年、謙信は関東へ遠征していますが、その際には関東の武将が集結し、10万もの大軍になったと言われています。この軍勢でもって、北条氏の小田原城を取り囲みました。とはいえ、関東の武将たちは完全に関東管領に恭順《きょうじゅん》していたわけではありません。そのため、さすがの戦上手の謙信であっても小田原城をついに落とすことはありませんでした。関東の武将たちも、関東管領の謙信が関東平定のために遠征してきたときは、謙信の側につき、また謙信が帰国すると、北条氏によい顔をするというような状態です。

なかには佐野昌綱のように5回にわたって、裏切りと寝返りを繰り返した武将もいるほどでした。

結局、謙信は関東の平定もできなければ、北条氏というかつての秩序にはなかった存在を討つこともできなかったのです。その後、北条氏康とは和睦に至っていますから、謙信は関東平定の夢半ばで、現実路線を取らざるを得なくなったというわけです。

また、謙信自身がどのように考えていたかはさておいて、関東管領の肩書を持っていたところで、関東に領土を得ることはできませんでした。関東の武将たちが、関東管領と主従関係を結び、本質的に謙信の支配下に入るというわけではないのです。言うなれば、関東管領はあくまでも関東の武将の兄貴分的な存在に過ぎない。親分と子分というような主従関係ではないということです。

そもそも、世は下剋上の戦国時代です。もはや室町幕府の秩序や肩書は意味をなさない時代に突入していました。戦国の世に「肩書」を本当の意味でありがたがる武将はいなくなっていたのです。

室町幕府が示す秩序の例で言えば、「天下」という言葉は、幕府がある京都を中心とした畿内の秩序の意味だという説があります。これは次章で詳しく取り上げたいと思いますが、このように天下を室町幕府を中心とした限定的な意味で捉えることで、天下統一を目指した織田信長は、ただ単に上洛することを目指しただけであり、日本全国を統一しようとしたわけではないという指摘がされています。近年、かつての天才的な戦国武将から、ごく一般的な戦国武将へと、信長のイメージを変えるような話にしばしば接しますが、私はそうではないと考えています。信長が打ち出した「天下布武」とは、やはり日本全国を武力でもって統一するという当時の戦国武将にとっては稀有《けう》なビジョンであり、室町幕府の秩序を前提とした畿内を指すのではないのです。

その意味では、これまで語ってきた3人の戦国武将、織田信長・武田信玄・上杉謙信を比べるとすると、室町幕府が示した秩序を最も信頼していたのが上杉謙信だったのだろうと思います。織田信長は全く当てにせずに、自分独自の天下統一ビジョンを打ち出しました。これに対して、謙信ほどは信じていないけれども、その

「肩書」が持つ力を認め、利用していたのが武田信玄だったと言えるかもしれません。

というのも、信玄は信濃を制圧した段階で、自らを信濃守護に任命してくれるよう、室町幕府に求めています。信濃守護に任命されたからと言ってもびた一文得になるわけではありません。名誉職のようなもので新たに収入を得られるわけではないけれども、信濃を統治する上で、聞こえはよかったのかもしれません。それは形式だけのことかもしれませんが、やはり信濃守護であることは信濃の武士たちに信玄に仕えなければならないという一定の強制力を持たせることができたのではないかと思います。少なくとも信玄はそのような効果を当てにして、使えるものなら利用しようということで信濃守護になったのです。

つまり、室町幕府の秩序を信頼しているかどうかはさておき、信玄はそれを利用しようという立場を取ったことになります。

上杉の関東出兵は略奪のため!?

謙信の関東進出について、立教大学名誉教授の藤木久志先生は、「越後国が貧しかったので、謙信は略奪を行うべく関東へ進出した」というセンセーショナルな説を提唱しました。

先述したように、今日では米どころとして知られる新潟ですが、戦国時代の当時はそこまで多くの米は取れませんでした。江戸末期になって100万石の石高にまで成長しましたが、江戸初期には35万石しか取れませんでした。寒冷な越後は、米の栽培には不向きだったのです。雪対策がしっかりとできるようになるまで、生産高は向上しませんでした。そのため、飢えた兵たちが食べるもの欲しさに関東へ略奪に行くというのもわからなくはありません。

他方で、謙信が亡くなったとき、上杉の蔵には莫大な金が貯蔵されていたという話もあります。越後では青苧《あおそ》という植物が特産品でした。木綿が一般化するまで、衣服の原材料として重宝されていた品です。直江津を拠点とした日本海交易を通じて、これを京都まで運び、売りさばくことができました。その結果として、相当な資金はあったはずですから、わざわざ略奪しなくても交易で買うことができたと思いますが、略奪すればタダだと考えていたのでしょうか。いずれにせよ、藤木先生の説が本当ならば、「義の武将」というイメージはやはり崩れてしまうでしょう。

肩書をめぐる本音と建前

もちろん、物事には本音と建前がありますから、実際に室町幕府が示す秩序を、謙信がどこまで信頼していたかは定かではありません。関東管領として関東を平定することを名目として、関東で力をつけていこうというように、肩書を利用した信玄のような立場に近かったとも考えることもできます。

いずれにせよ、関東まで赴き、関東管領としていくら頑張っても、自分の領地は増えません。関東の武士たちも何度も裏切りと寝返りを繰り返すだけです。肩書を重視してきた謙信も、さすがにそれだけではダメだと気づいたのではないでしょうか。

肩書を重視する傾向は、現在の日本史研究者の現状にも当てはまります。ひどい例だと、室町幕府最後の将軍・足利義昭が京都から追放されたことで、室町幕府は崩壊するわけですが、その後も幕府は続いていたと述べる人もいます。実質、幕府にはもう何の力もなく、足利義昭が将軍であろうとなかろうとどうでもいい状態が続いており、わざわざ朝廷が将軍の位を剥奪しなくても、義昭は何もできなかったのです。確かに朝廷の名簿には将軍として足利義昭の名がそのまま残っていますが、それは肩書だけのことで、実態は何も伴っていません。そのため、義昭は将軍のまま、毛利氏の庇護を受け、鞆《とも》の浦に身を寄せました。将軍がいるところが幕府というわけですから、このとき、「鞆の浦幕府」ができたのだという理屈です。

しかし、そもそも実態を伴っていないのですから、義昭は将軍として何もできません。彼に従う武士もいなければ、「鞆の浦幕府」も何もないというのが実際のところでしょう。

謙信は本来、越後国の守護代を務める長尾家の人間でした。江戸時代で言えば城代家老に位置する存在で、一国のお殿様ではないけれども、「実質的なお殿様」ではあります。守護代だけだと越後国内の武士を従えるには弱いとなれば、越後国の守護である上杉家の家督を継げば、越後一国の統治を磐石にできると、もしかしたら謙信は考えたのかもしれません。つまり、自分の本拠である越後国の統治に「肩書」は使えると思った可能性もあります。関東管領の職にある上杉家の家督を継いだわけですから、謙信は結果として関東管領も継ぐことになり、関東への出兵というオマケがついたといったところでしょうか。

侵略マシーンと化した謙信の晩年

前章で述べた通り、甲相駿三国同盟の一角を担っていた駿河の今川義元が織田信長によって討たれたことで、同盟の均衡が崩れました。信玄は謙信との戦いを諦め、今川領の駿河へと侵攻し、悲願の港を手に入れました。信玄の息子・武田義信は、武田が三国同盟を結ぶにあたって、今川義元の娘を妻としています。そのため、義信は同盟を破棄して駿河を攻めることに反対しました。父子で意見が割れたわけですが、信玄は義信に腹を切らせてまで、駿河へ侵攻しました。それほどに海と港が欲しかったのでしょう。信玄はその後、拡張路線を進めていき、駿河の次は隣の徳川家康の領地である遠江へと侵攻しました。これが信玄の晩年の「西上作戦」にあたります。

一方の上杉謙信にとっては、関東管領として関東平定を進めようにも北条氏康率いる北条氏は強力でした。また「肩書」に意味がないと悟った謙信は、関東に見切りをつけ、北陸での拡大路線に切り替えたほうが効率的だと思ったのかもしれません。駿河の湾を入手した武田と戦う理由がなくなった時点で、謙信の主戦場は北陸へと移っていったのです。現在の富山にあたる越中へと侵攻していきました。

こうして、晩年の上杉謙信は、まさに信長のような侵略を重ねました。みだりに敵国へ侵攻したりはしない「義の武将」の姿はそこにはありません。

信玄が駿河、遠江と侵攻を進めて拡大路線に転じましたが、その意味では謙信も信玄も、晩年は信長のやり方を真似ているように思えてきます。つまり両者とも、室町幕府の秩序や肩書を信じることも、利用することも、もはや意味がないと気づいたのでしょう。

もしかしたら謙信は、その前半生は、室町幕府の秩序を重んじた「義の武将」だったのかもしれません。しかし、晩年に至るほど、それがもはや意味をなさないと気がつき、拡大路線を取る侵略マシーンと化していった、ということなのかもしれません。

第8章 織田信長の虚像

揺れる「天才・織田信長」像

武田信玄・上杉謙信に関する虚像を検討した際に、織田信長についても触れてきました。信長は、比叡山を焼き討ちし、室町幕府の将軍・足利義昭を京都から追放するなど、既存の権力をものともしませんでした。また、堺を押さえて楽市楽座など商業を振興し、革新的な政策を打ち出すとともに、戦国大名として、初めて天下統一というビジョンを打ち出しました。

しかし、近年の日本史研究では、新しい信長像が注目されています。曰《いわ》く、信長はいわゆる全国を自分の支配下に置くという意味での、「天下統一」など目指してはいなかったというものです。「織田信長＝決定的に歴史を動かした変革者」ではなく、「織田信長＝普通の戦国大名」とする新説や研究が出てきたのです。個々の研究には傾聴すべき点も多々あると思います。

しかし、「普通の戦国大名」という信長像は本当に正しいのでしょうか。私には「織田信長＝普通の戦国大名」というイメージ自体が虚像なのではないかと思えます。

やはり、信長は普通の戦国大名とは一線を画す存在であり、全国という意味での天下を統一し、歴史を動かした人物という、かつての定説のほうが妥当なのではないかと考えています。

「信長天才説」を否定する「信長凡人説」は一体どんなものなのか、それがいかに信長の行動とそぐわないかを本章では見ていきましょう。

「天下布武」の「天下」はどこを指しているのか

織田信長が、「天下布武」という印判を用いて、天下統一を目指したということは有名な話です。「天下統一」と聞くと、私たちは通常、「日本全国を統一した」とイメージするのではないでしょうか。つまり、「天下」とは「日本全国」を指しているということです。

ところが先述したように、近年の日本史研究では、「天下」とは「日本全国」ではなく、もっと限定した地域を指すのだと言われています。つまり、京都や京都周辺の畿内という一地域だけを指すのではないかという説が提唱され、日本史研究のなかでは有力視されているのです。

織田信長が「天下布武」の印判を用いるようになったのは、美濃を平定したのちのことでした。家督争いを治め、尾張を統一すると、信長は清洲城を居城とします。その後、美濃へ侵攻するために小牧山に城を築きました。そして、美濃を攻略したのちには、美濃井ノ口の稲葉山城に拠点を移し、名前を岐阜城に改めました。

この時点で、「天下布武」の印判を使うようになります。その後、近江へ移ると、安土城を拠点として、京都を支配下に置きます。この頃から、従来の印判に竜を加えた「下り竜・天下布武」の判を使用するようになりました。

「天下布武」。つまり、「天下に武を敷く」とは、まさしく自らの武力でもって、天下を統一するという意です。従来の定説では、信長の悲願は日本全体を統一することでした。だから、自分の印判に、その願いを表し、他に示したのだとされてきました。この場合の「天下」とは一般的な使われ方と同じく、「日本全国」を指すものとされます。戦国時代には、印判で自分の理想や願望を示す慣習がありました。信長が、天下統一＝日本全国の統一という理想を目指して、「天下布武」の文言を刻んだ印判を用いたとしてもおかしくはありません。

しかし、先述したように近年の研究では、信長が用いた「天下布武」とは、「京都」もしくは「京都を中心とした畿内」という一部地域を示すものであるという説が有力視されています。

これを最初にはっきりと提唱したのは、成蹊大学名誉教授の池上裕子先生ではなかったかと思います。その著書『織田信長』（吉川弘文館）では、「天下」が「京都」もしくは「京都を中心とした畿内」を指す根拠となる史料を紹介しています。たとえば、『上杉家文書』には、上杉謙信が、「武田晴信（武田信玄のこと）たいぢ、氏康・輝虎真実に無事をとげ、分国留守中きづかいなく、天下へ上洛せしめ」ると祈願したとあります。

つまり武田信玄を退け、北条氏康と和睦したのち、上洛すると、謙信は誓いを立てたのです。ここでは上洛、つまり京都入りすることを、「天下へ上洛」と記しています。また「分国」とは謙信の本拠地である越後のことです。越後から空間的に離れたところにある「天下」、つまり「京都」を指しているということになります。

池上先生が例示したように、戦国時代において「天下」という言葉を、限定的に「京都」の意味で使用することがなかったわけではありません。のちに豊臣秀吉が、北条氏の小田原城攻めを実施した際、京都に戻ってくると「天下に帰ってきた」というような言い方をしていました。こうした例を根拠に、信長が用いた「天下布武」の「天下」も、限定的に京都もしくはその周辺地域を指したと解釈することは可能ではあります。先述した『織田信長』では次のように述べられています。

「信長にとっても、その他の人々にとっても、将軍就任・幕府再興には五畿内の平定・掌握という形が必要と考えられ、それが天下の（最大の）範囲であった。信長の『天下布武』は、まさにそのことを意味しており、ここにひとまずそれが実現したのである。五畿内＝天下を平定して、そこにあるべき幕府を再興したのである」（『織田信長』吉川弘文館より引用）

事実、信長は天下布武という印判を用いて以降、足利義昭を担ぎ、永禄11（1568）年に上洛を果たしました。足利義昭は征夷大将軍に任ぜられ、形式上は室町幕府の復興ということになります。

果たして、本当に信長は室町幕府の再興を目指していたのでしょうか。つまり、初期の上杉謙信のように、信長もまた室町幕府が示す秩序に対して信頼を持っていたと言えるのでしょうか。

もし、謙信と同様に、一度瓦解《がかい》した室町幕府の秩序を再興しようとしていたのならば、信長は戦国時代を代表する天才的な英雄ではなく、その他、多くの戦国大名と大差ない存在であったということになってしまいます。

上洛以降の信長の軍事行動の「目的」とは

信長は室町幕府を再興するために「天下」の平定、すなわち京都を中心とする畿内の平定を目指していたのか。これをより具体的に考えるために、信長の軍事行動がどのようなものだったかを見ていきましょう。

信長は、明智光秀によって本能寺の変で討たれました。たとえば、その直前の織田家臣団の展開をよく見てみると、信長の意図がよくわかってくると思います。

中国地方に羽柴秀吉、北陸に柴田勝家、関東に滝川一益、四国に丹羽長秀、そして京都・畿内方面の軍司令官として明智光秀を配置しています。

明らかに、日本全国に織田家臣団の武力を発動し、全国の平定を目指しているとしか言いようがないでしょう。もし京都を中心とした畿内地域の平定が目的ならば、全国に向けて派兵する必要などないはずです。

つまり、上洛以降の信長の行動は、畿内の平定という「目的」では説明がつかないのです。

また、上洛の仕方についても、信長は他の戦国大名とは一線を画していました。たとえば、上杉謙信の場合、天文22（1553）年9月と永禄2（1559）年4月の2回、上洛を果たしました。このとき、後奈良天皇や正親町天皇、当時の将軍・足利義輝に拝謁《はいえつ》しています。京都に至る道中、他国の領土を進行する際には、それなりの外交や交渉を行い、話をつけて通過しています。京都周辺の秩序を守ることが上洛の意図であれば、無益な戦いを避けるのは当然の策であり、「目的」にかなった「手段」と言えるでしょう。

しかし、信長の場合は異なるのです。尾張・美濃を掌握したのちに信長が上洛を果たすとすれば、琵琶湖周辺の近江を通過しなければなりません。琵琶湖の北側である北近江は浅井氏が、琵琶湖の南側の南近江は六角氏が、それぞれ治めていました。信長は、自らの妹・お市の方を浅井長政に嫁がせて、浅井氏とは同盟を結びます。その結果、北近江を自らの影響下に置きました。

南近江の六角氏に対しては強硬手段に出ます。ただ通過するのではなく、武力でもって屈服させ、南近江を自らの領地としたのです。つまり、この点が謙信のような室町幕府が示す秩序に信頼を置き、上洛を「目的」とする戦国大名と、信長が根本的に異なるところなのです。

信長が、京都や畿内に限定される意味での「天下」を武力によって統一することを目指したのであれば、信長の「目的」は京都および畿内の平定になるはずです。そうであるならば、その他の土地をわざわざ自分の領地にする必要がありません。上杉謙信のように、外交によってただ通過できるようにすればいい。わざわざ大変な労力を払ってまで、武力で領有しなくてもいいのです。

それにもかかわらず、北近江の浅井氏と同盟を結び、南近江の六角氏を武力で打ち破り、自分の領地にして、近江を確実に掌握・平定することを信長は選択したわけです。このような軍事行動を見るだけでも、信長がただ単に上洛することだけを「目的」にしていたのではないことがわかります。

なぜ丹波を攻めず、朝倉を攻めたのか

上洛に至る過程においても、上洛した後の軍事行動においても、信長はまるで室町幕府が示した秩序を守るために動くどころか、ほとんどそれを問題にしていないように見えます。それは上洛し足利義昭を征夷大将軍に就任させたのちの軍事行動においても顕著です。

もし信長の「天下布武」が京都を中心とした畿内の平定であるならば、上洛したのちには、京都周辺の不穏な勢力を一掃することから始めるはずです。当時の畿内地域には、三好一族の残党や畠山氏、細川氏といった勢力が残っていました。限定的な意味での「天下」を守るならば、これらの勢力を討つことから始めるのが定石です。

ところが、信長はそうはしませんでした。

京都の西には細川氏が統治する丹波があります。京都を攻める際には丹波に兵を集めるのが常套《じょうとう》手段となっており、京都を攻めるにせよ、守るにせよ、重要な急所となるのが、この丹波でした。細川氏は丹波を拠点とすることで、京都を軍事的に制圧してきたのです。そのため、他の大名には決して渡さず、代々、細川本家が治めてきました。これに対して、京都の東側の入口は、信長がそうしたように近江になります。

西の丹波、東の近江、この2カ国を押さえることが、京都の守りには不可欠なのです。信長はすでに上洛の時点で、近江を支配下に置いています。もし京都の秩序を守ることが信長の目的ならば、まず一番に行うべきは、西の守りを固めること。すなわち、丹波の勢力を叩くことだったはずです。信長が畿内の安定だけを「天下布武」と見なしたとすれば、丹波平定は急務でした。

それにもかかわらず、信長は丹波攻略を後回しにしたのです。信長が上洛したのちの最初の軍事行動、それは現在の福井県にあたる越前の朝倉義景を攻めることでした。

越前は地理的に畿内から距離がありますから、京都の守りを固めるのであれば、丹波の平定を後回しにしてまで進める必要を説明することができません。しかも朝倉義景は、大した野心も持たず、ほとんど越前に引きこもりのような状態でした。足利義昭が室町幕府の再興を願い、越前・一乗谷に赴き、朝倉の援助を求めた際にも、義景は「自分たちは京都とは無関係です」と断りました。朝倉は京都と関係を持つことを極力、避けていたのです。そのため義昭は、やむなく信長のところに転がり込み、上洛に力を貸すよう泣きついたのでした。

越前の朝倉は、京都を中心とする畿内地域にとって、決して脅威となる存在ではありませんでした。しかし、信長は上洛後、一番に越前攻めを行っているのです。ましてや、丹波に至っては、信長が部下の明智光秀に丹波攻略を命じたのは、上洛してから7年後のことでした。

ちなみに、のちに本能寺の変で信長を裏切った光秀の軍勢は、丹波から京都へ攻め入っています。それほどに丹波は京都への攻撃の急所であるとともに、守りの要となる場所だったのです。

そのような丹波の攻略をすぐに着手せずに、越前攻めを行ったことは、「京都および畿内地域の平定＝天下布武」という「目的」からは決して説明できないでしょう。やはり、信長の最終的な「目的」が、日本全土を意味する「天下」を統一することだったからこそ、攻めやすい越前へ侵攻したのではないでしょうか。

日本全体の統治、すなわち「天下布武」を目指し、自分の領土を少しでも広げようと考えるならば、越前は美濃に隣接し、地政学的には攻めやすい手ごろな土地だったと言えます。

つまり、信長が目指したのは、天下＝京都および畿内地域の平定であり、室町幕府が示した秩序を信頼し、足利義昭を担いで上洛することだったとすることは、「目的」と「手段」を取り違えているのです。あくまでも信長の「目的」は「日本全国に自分の武力を行き渡らせ、統治する」ことを意味する「天下布武」であり、上洛は「手段」に過ぎなかったということになるでしょう。

信長にとっての「上洛」の真の意味

信長にとって、上洛することは「目的」ではなく「手段」だった。あくまでも全国を意味する「天下」を統一することが、信長の本当の「目的」だった。そのように考えると、信長の軍事行動の理由も腑《ふ》に落ちます。

また、天下統一という「目的」から見ると、上洛するという「手段」が、別の意味を持ってくるでしょう。信長が上洛したのは、足利義昭を担いで室町幕府を再興し、その秩序と権利を利用することではなかったはずです。事実、信長はその後、義昭を京都から追放し、自ら室町幕府が示す秩序を否定しています。足利義昭の上洛を利用してまで、なぜ信長は京都を押さえようとしたのか。それは、第5章でお話しした足利尊氏と同じように、商業経済の中枢を押さえるためだったのではないでしょうか。

信長は京都に加え、やはり経済都市として発展した堺も支配下に置きました。のちに豊臣秀吉は大坂城を築き、堺の経済を影響下に置きましたが、これがすんなり遂行できたのも、すでに信長が大坂に城を築くつもりで、整備に着手していたからだという説もあります。

信長が上洛したのは、こうした京都を中心とした商業経済から得られる権益を期待してのことだったのです。

そもそも戦国大名は皆、上洛を目指したとされますが、そうではないのです。そのようなイメージを作ったのは、幕末に活躍した頼山陽の『日本外史』の影響が強いからなのかもしれません。『日本外史』には、戦国大名は皆、京都に憧れ、京都を占領して政治的に力を得ることを重視していたと描写されています。しかし、先述した越前の朝倉義景の例を見れば、それが実際の戦国大名といかに離れていたかがわかるでしょう。

そうした戦国大名のなかで、信長は京都や堺を中心とした経済の力をよくわかっていたのです。そこから得られる権益によって、自らの悲願である「天下布武」を進めようとしていた。だから、上洛することが信長という特別な戦国大名にとっては重要だったのです。やはりここでも、上洛はあくまでも「手段」です。その先にある「天下布武」こそが、信長の真の目的でした。

ですから、上洛することが信長の真意だったとする説は、「目的」と「手段」を取り違えていると言わざるを得ないのです。

比叡山焼き討ちは合理的な判断の結果だった

京都や堺を中心とした経済を押さえることを重視した信長にとって、比叡山焼き討ちは、実は理にかなった行動だったとも言えます。信長の残酷非道なイメージを形づくった代表的なエピソードである「比叡山焼き討ち」では、琵琶湖と京都との間に位置する比叡山を攻撃し、一説には3000とも言われる多くの僧侶を殺しました。

なぜ、信長がそこまで徹底的に比叡山を焼き討ちしなければならなかったのか。それは、実は比叡山は、京都の経済圏に対し、大きな影響力を有していたからなのです。門前町にあたる近江の坂本には、「馬借《ばしゃく》」と呼ばれる人々がおり、全国各地からの荷物が集積されていました。日本海交易によって、現在の福井県の小浜や敦賀などから荷上げされた物資が琵琶湖を船で渡り、比叡山のほとりにある坂本まで水上ルートで運ばれます。

坂本からは陸路で、馬に乗せて京都へと送られることになります。日本海の港と京都をつなぐ要所が、坂本だったのです。比叡山はここに関所を置くことで、税を徴収し、京都の経済を支配していました。また、比叡山は地理的に京都への交通を容易に妨害することができます。浅井・朝倉連合軍と組み、軍事行動にまで打って出ているのです。世俗権力としての比叡山は、まさに戦国大名と変わりません。

信長には京都や堺を中心とした経済を押さえるという思惑があります。つまり、信長が比叡山を焼き討ちしたのは、京都を中心とした経済圏に対する権益を手に入れるためだったのです。

焼き討ちの後、坂本を統治するために、城主として抜擢《ばってき》されたのが明智光秀です。京都奉行を務めたことのある光秀は、京都の経済や政治についても明るい。だからこその抜擢だったのでしょう。しばしば信長は、身内に限らず、どこの馬の骨かわからない人物でも、才能があり「こいつは使える」と思ったら、こうした抜擢人事を行いました。その点も、信長がその他の戦国大名と一線を画すところです。

他の戦国大名であれば、内政など重要な役職は世襲で行い、他国の人間は登用しないのが普通です。武田信玄も上杉謙信も一応、他国の人間を登用してはいますが、そこまで積極的にやっていたわけではありません。自分の国の独立性を保つことが最重要の課題である戦国大名にとって、自分の国の人間が仲間であり、他の国の人間は仲間ではないのです。ですから、国の重要なことを決める内政については、信用できない他国の人間は使わないというのが大原則でした。

しかし、この大原則が適用されないのが信長の抜擢人事です。農民出身の豊臣秀吉を抜擢し、素性のよくわからない滝川一益を起用するなど、才能があると認めれば、大胆な登用を行いました。明智光秀も、織田家に仕えるまでは何をやっていたかよくわからない人物です。しかし、光秀の才能を見抜き、使えると思ったら、重要なポジションに就かせ、次々に難しい仕事を任せました。それほどに光秀の才能を買っていたのでしょう。また、城持ち大名のようなかたちで城を与えられたのは、織田家臣団では光秀が初めてでしたから、よほどの目のかけようです。

いずれにせよ、信長は坂本を自ら治めずに、部下の光秀に丸投げします。こうして、坂本を確保し、近江を押さえたことで、京都の東側を支配できました。京都の西側には丹波の諸勢力（波多野、赤井など）が控えています。京都の守りを固めるならば、丹波を押さえることは必須です。しかし、これも信長は部下の光秀に一任していま す。光秀は苦労しながら丹波攻略を進めて、そののちには亀山城を築き、自らの居城としました。

ここでも「天下＝畿内」説の矛盾が出てきます。というのも、もし信長にとって、畿内周辺の平定が最大の目的であったならば、部下の光秀ではなく、自らが丹波を支配すべきです。ところが、信長は光秀に京都周辺を任せて、自らは動かなかったのです。

光秀はその後、京都・畿内方面の軍司令官に配置されます。信長がわずかなお付きの兵のみを連れて、京都・本能寺に滞在したのも、まさに自分の親衛隊隊長である光秀が京都の守りを固めていたからこそでした。本能寺の変の際に信長は油断していたと言われることもありますが、自分を守る親衛隊隊長に裏切られてしまえば、誰であってもそこでゲームオーバーでしょう。

才能を重んじて抜擢人事を行った信長は、世襲によって一族でまとまった他の戦国大名に比べて、何度も裏切りにあっています。才能重視でかつ、できる人間はとことん使い倒される。まさに織田家臣団に仕えるということは、「ブラック企業」に勤めるようなものです。本能寺の変にはさまざまな陰謀説・黒幕説が存在しますが、こき使われた光秀が、疲れ果てた末に逆ギレしてつい信長を討ってしまった、というのが本当のところなのではないでしょうか。

いずれにしろ、信長の「天下布武」という目的達成のためには、比叡山焼き討ちは理にかなっていたということになります。つまり、殺戮《さつりく》を好む残虐非道な信長像というのは虚像であり、非常にクレバーで合理的で、既成の権力をものともしない、天才的な戦国大名像が浮かび上がってきます。

天下布武という新しい経営理念

さて、このように見てくると、もはや信長の「天下布武」の印判は、日本全国の統一を意味することがおわかりいただけたかと思います。そして、先に述べたように、印判に刻む言葉は、しばしばその人の理想や願望が込められます。言ってみれば、この「天下布武」の印判は、今後の織田家がどのような方向へ進んでいくべきか、その指針を示した企業の経営理念のようなものなのです。

今日の経営学では、こうした企業の経営理念（企業理念）が重視されます。社員が仕事をする際に、いちいち本社に伺いを立てなくても、経営理念・企業理念がしっかりとしていれば、それに照らし合わせ社員ひとりひとりが自らの判断で動くことができます。だから企業理念はわかりやすく打ち出すべきであるということが、しばしば経営学の教科書でも説かれています。

「天下布武」の印判は、信長が掲げ、内外に示した経営理念・企業理念だったのです。これまでとは異なる新しい理念を示し、家臣たちに今後の自分たちが進むべき道をわかりやすく示しました。その意味をよく理解し最終的に実現させたのが、豊臣秀吉でした。またこの印判を用いることは、織田と領地を接する他の戦国大名たちに対するある種の宣戦布告にもなりうるはずです。

武力で日本全国を統一するというビジョンを打ち出したことで、実力主義の織田家臣団は、その目標のために互いに切磋琢磨《せっさたくま》する覚悟を固めたでしょう。また周辺の他の戦国大名も、信長が日本を統一しようとしているならば、当然、自分の領地も狙ってくるはずだと考えたはずです。織田と和睦を結ぶか、徹底抗戦するか。自分たちの態度も決めなくてはなりません。

また、あえて「天下布武」と打ち出すからには、それが新しい理念でなければならないはずです。従来通りの理念ならば、わざわざ示す必要はないからです。「天下布武」を従来通りの、畿内地域を治めて室町幕府の秩序を回復させることを意味するならば、それを掲げることは決して新しい理念を打ち出したことにはなりません。また、戦国大名の多くが、必ずしも上洛をしようと考えていたのではないことは、先に解説した通りです。

そのように考えると、「日本全国を武力でもって統一する」ことは、普通の戦国大名では思いもよらない、未だかつてないビジョンだったのでしょう。それゆえに、信長は「天下布武」という印判によって、織田の経営理念・企業理念を内外にわかりやすく示したのでした。

日本をひとつのものとして考えた天才・信長

武田信玄や上杉謙信の章で見てきたように、戦国大名は普通、自国の独立を守ることを最重要課題としています。それは言い換えれば、どの戦国大名も自分の国のことで手一杯だということです。それが普通の戦国大名であり、日本を統一しようというのは夢にも思わないでしょう。

そこにきて、信長は自国だけでなく、日本全国を統一しようという途方もないビジョンを打ち立てた。ただ理想を夢見るだけでなく、実際にそれを実行に移した。これほど稀有《けう》な存在が果たしてほかにあるでしょうか。信長が自国の尾張にこだわらず、次々に本拠地を動かしていったのも、領地の拡大のためにより最適な場所へ本拠地を移すという、合理的な判断の結果です。尾張平定後の清洲城、美濃へ侵攻するための小牧山城、美濃攻略後に美濃の統治をするために稲葉山城（岐阜城）、近江を攻略したのちには安土城、その後は堺入りし大坂を居城としようと考えていたとも言われます。いずれも理にかなった決断です。

また、本拠地を動かさなかった他の戦国大名が一般的であるならば、外へ外へと拡張を続けた信長は、戦国大名のなかでも稀有な存在であり、非常に革新的な人物だったと言えるでしょう。

領地を拡大することで動員できる兵の数を増やし、強大な兵力によって日本を統一する。すなわち「天下布武」。このようなビジョンを考え、実行に移したのはやはり、信長が初めてだったと思います。

私たちは、どうしても小さい頃からの教育の過程で、「日本という国は、ひとつの言語を使うひとつの民族が単一の国家を形成してきた」というように、昔から「日本はひとつだった」とみなしがちです。これがヨーロッパの国々であれば互いに地続きだったため、他の民族の流入も頻繁で、使う言語も複数あり、国境も時代ごとに変わっていきました。歴史を通じて、自分の国がずっと同じかたちだったとはあまり考えません。

しかし、日本の場合、大陸から海で隔てられた島国であったことから、他国の干渉を強く受けないで済んできたということがあります。それがしばしば「ガラパゴス化」と呼ばれることもありますが、いずれにせよ、有史以来、完全な植民地になることもなかったため、つい日本列島に住む人たちは、「日本」という統一感を古くから共有していたと考えてしまいがちです。日本の歴史を紐解《ひもと》くと、やはり「西高東低」が基本で、関西が中心的です。3つの関の東側に位置する関東は未開拓の地であり、最初から「日本」に組み込まれていたわけではありません。東北にいたっては、信長ののちに天下統一を果たした豊臣秀吉の時代ですら、全く開発が進んでいなかったと言えます。

古代日本において、中央集権化を図った天武天皇の時代に全国に66カ国が置かれましたが、これも日本全国が均等に統一されたわけではありませんでした。東北の場合、太平洋側に陸奥国、日本海側に出羽国と2カ国が置かれただけです。現代の地方行政からすると、東北に2カ国しか行政区を置かないとすれば、あまりに大雑《ざっ》把《ぱ》でしょう。

日本をひとつに統一しようと発想すること自体、戦国時代にあっては極めて稀有なことなのです。ましてや自国統治・自国経営で手一杯の戦国大名の目には、自分の領地を拡大していくことに熱心な信長はやはり異能の存在に映ったことでしょう。

このように見てくると、やはり、普通の戦国大名と変わらないとする近年の研究が提唱する織田信長像自体が、虚像なのではないでしょうか。

第9章

赤穂浪士の虚像

日本人が感動した主君の敵討ち事件

歌舞伎や講談などの演目で知られる『忠臣蔵』のもととなった、いわゆる赤穂事件は、元禄14(1701)年3月14日、江戸城、松の廊下にて起きた刃傷事件に端を発した、「日本初」の主君の敵討ち事件です。「日本初」という点については、追々解説したいと思います。

赤穂事件は、赤穂藩の第3代藩主である浅野内匠頭長矩が、高家筆頭の吉良上野介義央を突如として斬りつけたことから始まります。

当時、長矩は朝廷からの使者をもてなす勅使饗応役を務めており、吉良義央はその指南役という間柄でした。江戸幕府は毎年1月、朝廷へ年賀の挨拶を行います。その返礼に朝廷から勅使が派遣され、2〜3月にその使者を迎える儀式が数日間にわたり行われる慣例となっていました。事件が起きた3月14日は、この年の儀式の最終日にあたる日です。

江戸城内、しかも朝廷の使者が滞在しているときに、刃傷事件を引き起こした浅野長矩に幕府は厳重な処罰を与えました。将軍・徳川綱吉は即日、切腹を言い渡しています。そして、浅野家は改易《かいえき》、つまり領地を没収され、御家は断絶となりました。斬りつけられた吉良義央は命に別状はなく、しかも一切のお咎めはありませんでした。

松の廊下での刃傷事件の翌年、赤穂藩の筆頭家老だった大石内蔵助は、46人の赤穂浪士を引き連れ、吉良邸へと押し入り、主君の敵である吉良義央を討ち取り、本懐を遂げました。その後、討ち入りに参加した赤穂浪士全員、切腹に処せられました。この一連の顚末が、いわゆる赤穂事件です。

主君の名誉のために自らの命を賭してまで、敵討ちを果たした赤穂浪士47人（一説には46人とする場合もあります）への同情と人気は、当時から凄まじいものでした。たちまちに歌舞伎や浄瑠璃、講談の演目として上演され、江戸庶民に親しまれる物語となったのです。こうして生まれたのが、私たちがよく知る『忠臣蔵』です。

四十七士による吉良邸の討ち入りは旧暦の12月14日に起きたことから、現代でも年末になると、『忠臣蔵』に関する演目でさまざまな興行が行われたり、ＮＨＫをはじめとしたテレビの時代劇で『忠臣蔵』が放映されたりと、日本人にとって時代を超えて愛されてきたコンテンツのひとつとなりました。

そこで描かれるのはやはり、非業の死を遂げた主君の無念を晴らそうとする大石内蔵助をはじめとした赤穂浪士の忠義であり、滅私奉公という道徳観への憧憬《しょうけい》、義理・人情に対する同情を喚起するものでした。主君のために自らの命を捧げるという忠義心が、現代に至るまで、人々の涙を誘ったのです。

時代をまたいでのロングセラーのおかげで、赤穂事件そのものはある種の美談として語られます。しかし、果たして本当にそれは美談だったのでしょうか。赤穂浪士に関する虚像は、この美談として語られる物語性そのものにあるように思えます。

赤穂事件の原因は浅野長矩の逆ギレ!?

というのも、問題はそもそもの事件の発端である、松の廊下での刃傷沙汰にあると私は思います。浅野長矩は、「この間の遺恨を覚えているか」と言って、吉良義央を斬りつけたと伝わりますが、そもそもなぜ、そのような暴挙に長矩は及ばざるを得なかったのでしょうか。それを理解するためには、まず、2人の関係性を押さえておく必要があります。

事件当時、浅野長矩は35歳、播磨国赤穂藩を治める第3代藩主でした。系譜を辿ると、豊臣政権の五奉行のひとりである浅野長政に行きつく家系になります。長政は関ヶ原の戦いの直前に隠居しており、嫡男の幸長が、徳川方である東軍につきました。その功績が認められ、幸長に紀伊国37万6000石、長政に常陸国5万石が与えられています。その後は転封《てんぽう》などにより、三男・長重の子である長直の代で、赤穂藩となりました。その後、長政の領地は3代目の長矩に伝えられることになります。

一方の吉良義央は事件当時、62歳、高家旗本の当主です。幕府から高家肝煎《きもいり》の役を任ぜられていました。「高家」は、幕府の儀式や典礼、朝廷への使節、朝廷との間の諸礼、伊勢神宮や日光東照宮への代参、勅使の接待などを司っており、室町時代から続く名家などが世襲で務めるのが通例となっていました。この高家諸氏の差配を担ったのが、高家肝煎です。吉良家は、鎌倉時代から続く、足利将軍家の血を引く一族でした。足利家が没落すると吉良家も衰退の一途を辿りましたが、家康の祖父が娘を吉良家に嫁がせたこともあり、江戸幕府に取り立てられたのです。

先にも述べたように、刃傷事件が起きたときはちょうど、朝廷からの使者をもてなす儀式が行われていた期間にあたります。このとき、浅野長矩は饗応役を務め、吉良義央はその指南役でした。その2人の間に、長矩が「この間の遺恨を覚えているか」と言わなければならないほどの確執が生まれたとすれば、やはりその儀式の準備などの過程で何かあったのだと考えられます。しかし、長矩はなぜ吉良義央を斬りつけたのか、動機を明かさなかったため、真相はわかっていません。

塩田と塩の製法をめぐる確執とも言われ、さまざまな説が唱えられていますが、いずれにせよ、江戸城の松の廊下で、しかも朝廷の使者をもてなす儀式期間中にそのような刃傷沙汰に及ぶというのは、明らかに浅野長矩の落ち度であると言わざるを得ません。

饗応役と指南役の間で何かあったとすれば、それはその指導の過程での揉め事だったのかもしれません。しかし、浅野長矩と同じく饗応役を務めた伊達左京亮村豊も吉良義央の指南を受けたひとりでしたが、彼は吉良義央を斬りつけることはしていません。ということは、吉良義央は饗応役にふさわしい振る舞いをするよう、普通に指導しただけだったのかもしれません。ところが、浅野長矩はそのようには思わなかった。自分のメンツを潰されたと感じたのかもしれません。今で言う「逆ギレ」です。浅野長矩は怒りに我を忘れやすい、激昂《げきこう》・直情型の人間だったと言わざるを得ないでしょう。

しかし、それが刃傷沙汰に直結するとなれば、穏やかではありません。それがもとで浅野家は潰されてしまったのですから、あまりにも短絡的です。赤穂に戻れば、家臣やその家族たちもいる。自分の行動ひとつで、その人たちの生活も台無しにしてしまうことがわかりそうなものですが、それができなかった。人の上に立つべき人間の器ではない、ダメな殿様だったのです。

赤穂事件はバカな上司を持った不幸な部下たちの顚末か

浅野長矩の「バカ殿」ぶりに比べると、四十七士を率いた大石内蔵助の傑物ぶりが際立ちます。彼は主君の敵討ちをやり遂げただけでなく、収支記録をきちんとつけた上で、赤穂藩の清算をしました。ちょうど討ち入り前に資金がゼロになるように、勘定もきっちりしていたのです。初めからゼロになるようにしたのか、資金が尽きるからそろそろ敵討ちをするかと動いたのかはわかりません。しかし、その手腕は見事なものです。

赤穂藩の清算から吉良邸への討ち入りまでを見ていくと、きちんと資金を管理している点がよくわかります。

赤穂藩筆頭家老の大石内蔵助のもとに主君の切腹と改易の報《しら》せが届いたのは、事件から5日後の3月19日のことでした。内蔵助は同日のうちに藩士たちに登城を命じ、事件のあらましを報告しています。翌日にはすぐに藩札の回収に動きました。江戸時代では金貨・銀貨・銭貨だけでなく、諸藩独自の貨幣が発行されていました。藩札はその独自通貨のことであり、金貨・銀貨・銭貨と交換ができます。しかし、改易となれば紙切れ同然です。だからこそ、内蔵助は藩札の回収を急ぎました。

同月27〜29日には再び藩士を城内に集め、大評定を実施しています。当時の慣習としては「喧嘩両成敗」が道理として生きていました。それゆえに、吉良義央が処罰されなかったことに対する不満が強く、大評定は紛糾します。籠城しての抗議、家臣一同が殉死しての訴えなどさまざまな意見が飛び交《か》いますが、一同は浅野家の再興を願って、無血開城を選択しました。

同年4月、赤穂藩が所有する船や武具、材木など幕府に返上するもの以外は、全て現金に換えて、藩の財政の清算が実施されます。藩士300人の最後の給与と退職金もこのときに支払われました。なお、内蔵助は退職金を受け取らなかったとされています。

給与と退職金の総額は、金に換算して2万4009両3分。現在の貨幣価値にすると、およそ24億97万5000円。1人平均800万円くらいでしょうか。額面だけ見ればそれなりの金額と思えるかもしれませんが、武士は家族のほか養わなければならない使用人を抱えています。それらの支払いを考えると、決して満足な額とは言えません。

4月19日、赤穂城を幕府に明け渡し、赤穂浪士は散り散りとなりましたが、内蔵助を中心に手紙などで連絡は取り合うこととしました。そこで、旧浅野家家臣として何をなすべきかということが議論されました。意見は大きく分けて2つです。ひとつは浅野家の再興に賭けるという意見。浅野長矩の弟・大学を新たな藩主として担ぎ出すというわけです。もうひとつは、吉良義央の首を取り敵討ちを果たすべきだという意見です。内蔵助らは前者を、堀部武庸らは後者を主張し、意見は割れてしまいます。

しかし、元禄15（1702）年7月、兄が起こした事件後は謹慎処分となっていた浅野大学は、旗本身分を剝奪されてしまいます。広島藩・浅野本家の預かり処分となったことで、御家再興の芽は潰されてしまいました。こうして浅野家再興を主張した内蔵助らも、敵討ち派に合流し、吉良邸への討ち入りを決心するのです。

当時、内蔵助の手元に残った資金は、金に換算すると約690両3分2朱。現在の価値に直せば、およそ6910万円です。仏事や御家再興のための奔走《ほんそう》でさらに193両を費やし、江戸との往復にも出費はかさんだものの、残された資金で四十七士は主君の敵討ちを果たそうとしました。改易から吉良邸討ち入りまでの1

年9カ月は、この軍資金のなかからやりくりしています。

そして、その全てを使い切ったのちの元禄15（1702）年12月14日、赤穂浪士47名が、3班に分かれて、吉良義央邸へと討ち入ったのです。

吉良邸には100～150人ほどの家臣が詰めていたとされます。事件後、かなり早い時期に編纂された『江赤見聞記』の記録では、吉良側の死者16人、負傷者21人に対して、赤穂浪士は死者はゼロ、負傷者4人と、赤穂浪士たちの圧倒的な勝利でした。内蔵助らは綿密な計画を立てたであろうことがよくわかります。吉良義央を討ったのち、赤穂浪士たちは亡き主君が眠る泉岳寺へと向かい、墓前に吉良の首を手向けました。その後、赤穂浪士は大名4家に分かれてお預けとなり、元禄16（1703）年2月4日、幕府より切腹を命じられ、同日のうちに執行されました。

以上の収支報告を、大石内蔵助は全て事細かに記録し、それが現在でも残っています。その細やかな仕事ぶりが窺える史料です。それほどに、大石内蔵助は傑出した人物だったと思うのです。浅野長矩が主君としてあまりにも残念だったことを思うと、内蔵助の優秀さが際立ちます。と同時に、こんなダメな主君に命を賭してまで仕えた顚末を描く『忠臣蔵』を、ただの美談とするのは、どうも違う気がするのです。美談というのはやはり、うまく作られた虚像のひとつであり、赤穂浪士の実態は、なんともバカな上司を持ってしまった不幸な部下たちの話とも言えそうです。

喧嘩両成敗という道理

浅野長矩と吉良義央の刃傷沙汰では、即日に長矩だけが切腹を言い渡されましたが、吉良義央は一切のお咎めはありませんでした。江戸城・松の廊下で有無を言わせずに斬り付けた長矩に対して、吉良義央は抵抗したり、応戦することもありませんでした。殿中で刀を抜くことは固く禁じられたため、事件後の詮議では、吉良義央が刀に手をつけなかったかどうかが慎重に検証されています。

諍《いさか》いの裁決の場合、江戸時代ではまだ、「喧嘩《けんか》両成敗法」という慣習法が少なからず残っていました。争いが起きた場合に、その理由のいかんにかかわらず、両者とも処罰を科すというもので、今日の刑法からすれば、理不尽と思われるかもしれません。けれども、まだ大名権力が幼稚なものだった頃には、細かい審議は難しく、理由はさておき、争いを引き起こしたという結果に対して両者を罰することになっていたのです。行政や統治権力が整ってきた江戸幕府においても、「喧嘩両成敗法」の価値観は残っていました。そのため赤穂事件においても、一方を切腹、一方をお咎めなしでは「喧嘩両成敗法にもとるではないか」と、大石内蔵助らは異議申し立てをしています。

浅野長矩が吉良義央を斬った状況と理由を審議し、その結果、吉良を無罪とした幕府の姿勢は、採決における本来的なあり方だったと言えます。しかし、当時の一般通念として道理のごとく共有されていた喧嘩両成敗の論理では、大石内蔵助らの赤穂浪士による「私的」な敵討ちが、江戸の社会では高く評価されたのでしょう。

赤穂事件は日本初の主人の敵討ちだった!?

大石内蔵助ら赤穂浪士による敵討ちは、「喧嘩両成敗法」的な道理に基づいた結果だったわけですが、そもそも江戸幕府では、敵討ちは違法でもなんでもなく、届出をして、公的な手順を踏めば認可されていたのです。

しかし、赤穂浪士たちの敵討ちは、実はそれまでの歴史で類例を見ないものでした。というのも、第3章でも少し触れた曾我兄弟の仇討ちのように、赤穂事件以前までは自分の父や兄といった尊属の敵を討つというのが、敵討ちだったのです。

つまり、主人の敵を家来が討つことは、それまでの敵討ちではあり得ませんでした。なかには、妻を寝取られた夫が、寝取った間男を「女敵《めがたき》（妻敵）」として討つ、なんてこともありましたが、家来が主人の敵を討つというのは、そもそも敵討ちには含まれていなかったのだと思います。

「親に孝、君に忠」という言い方があるように、日本では「親に孝行するように主人に対して忠節を尽くしなさい」というようなことが、ごく普通の道徳として広まっています。明治時代以降の教育勅語《ちょくご》にも顕著な発想ですが、これは江戸時代の武士道に関連する儒教の発想からきていると言われます。

しかし、実はこの発想自体、儒教本来の教えではありません。儒教では「孝行」のほうがはるかに重く、主君に対する「忠節」はさほど重要視されませんでした。言い換えれば、儒教においては、孝行と忠節は両輪ではなく、あくまでも「孝」のほうに価値があるのです。

有名な話に、「父親が牛を盗んだ際、あなたならどうしますか」という問答があります。秦の始皇帝が採用した法家の教えにならえば、法に基づく統治を重視し、親であっても法を犯した者は警察に突き出さなければならないとなるでしょう。しかし、儒教ではそうではありません。警察には突き出さずに、むしろ「父親を匿《かくま》え」というのが正解なのです。秦の始皇帝が「焚書坑儒《ふんしょこうじゅ》」によって儒教を弾圧した背景には、法家と儒教の価値観の違いがあったというわけです。

つまり、儒教の本来的なあり方からすれば、日本の儒教は相当に捻じ曲がっていると言えます。江戸時代には、幕府が儒学を奨励していました。また、赤穂事件が起きたときの将軍・徳川綱吉は、一般には「生類憐みの令」という「悪法」を定めたダメ将軍と見なされますが、実は湯島聖堂を建立《こんりゅう》し、儒学者の林信篤を登用するなど、積極的に儒教・儒学の普及に努めた人物でもありました。その過程で日本独自のアレンジが加えられた結果、主人・主君に対する忠節の価値が高められ、親に対する孝行と同等のものと考える発想が醸成されたのだと思われます。

いずれにせよ、主君がやられたら敵を討つという発想がなかったにもかかわらず、それを初めて、しかも資金の清算も行い、記録を残したかたちできっちりとやってのけたという意味では、やはり大石内蔵助とは、傑出した人物だったと言わざるを得ません。

第10章 坂本龍馬と新撰組の虚像

坂本龍馬と新撰組、その人気の虚像

日本史のなかでも、根強い人気があるのはやはり、「戦国時代」と「幕末」ですが、その理由のひとつは、いずれも個性的な英雄が登場し、そのキャラクターに感情移入したり、「推し」にしたりしやすいからなのかもしれません。そのなかでも、とりわけ「幕末」の「英雄」と称される坂本龍馬や逸話揃いの新撰組には多くのファンがいます。その人気にあやかって町おこしに使われたりもしていますから、迂闊なことは言えないのですが、歴史研究を専門とする身からすると、正直に言えば、坂本龍馬も新撰組も、研究の対象とは言えないのです。

第1章でも、藤原道長や平安時代の歴史研究の薄さについて、門外漢ながら指摘させていただきましたが、やはり歴史研究の対象になりやすいのは、歴史のターニングポイントであり、エポックメイキングな偉業を成し遂げた人物やその周辺なのです。その意味でいうと、坂本龍馬も新撰組も、歴史の大きな流れにおいて、いったい何をした人物なのか、よくわかりません。

坂本龍馬にしろ、新撰組の隊員たちにしろ、いずれも歴史研究というよりも、小説や漫画、映像作品など、エンターテインメントの世界で深掘りされてきた人物なのでしょう。

特に坂本龍馬の人気は衰えを知りません。まだ明治維新から間もない明治16（1883）年に地元の高知（土佐）の新聞で連載された伝記小説『汗血千里の駒』が人気を博して以降、たびたび坂本龍馬は話題となってきた人物です。当時の明治政府では薩摩・長州閥の権力が強く、そこで土佐の人間も忘れるなということで坂本龍馬が持ち出されたという話もあります。しかし、その後、現代まで続く坂本龍馬の不動の人気を決定的なものにしたのは、やはり司馬遼太郎先生の『竜馬がゆく』でしょう。

それは新撰組にしてもそうです。早いものでは、新撰組の生き残りである二番隊隊長の永倉新八が記者の取材に協力した『新撰組顛末記』などが大正2（1913）年に小樽新聞で連載されています。昭和3（1928）年に刊行された子母澤寛『新選組始末記』でその存在が一躍知られるようになり、やはり司馬遼太郎先生の『燃えよ剣』の人気によってさらに火がつきました。今では、漫画やアニメ作品などの題材になることも多く、特に隊士たちを美形・イケメンキャラで描くなど、女性人気も高い存在となっています。

そんな人気のためか、しばしば近現代史の先生が揃って語る悩みに、「坂本龍馬か新撰組で卒業論文を書きたがる学生が多い」ということがあります。先に述べたように、坂本龍馬も新撰組も、歴史学では評価しづらい存在のため、確実な論文を書きたいなら、テーマを変えるように指導をしているとのことでした。

新撰組は京都の市中の治安を守る一種の警察組織ですから、歴史の大きな流れに影響を与えたかどうかという観点で言えば、学術的な対象になりづらいのはわかります。しかし、坂本龍馬の場合はどうでしょうか。

一般的には、坂本龍馬は倒幕の原動力となった薩長同盟を結ばせた立役者ということになっています。けれども薩長同盟の主体は、あくまでも薩摩藩と長州藩です。この場合、薩摩の西郷隆盛と長州の桂小五郎がすごいのであって、仲立ちをしたとされる龍馬は、そもそも当事者ではありません。一部の研究者によれば、坂本龍馬は「西郷の使者」に過ぎず、西郷の命で動き回っていた使い走りなのだから、薩長同盟への貢献はさほど認められないのだそうです。龍馬の発案としては、「船中八策」が知られていますが、これも龍馬本人にオリジナリティがあるものとは言えないそうです。

以前、徳川家19代目の御当主で、歴史研究家でもある徳川家広さんとお会いしていろいろとお話を伺ったことがありました。そのとき、家広さんがおっしゃっていたことに、「日本三大どうでもいい事件」というものがあります。世のなかには、未解決のために陰謀めいた説を含めてさまざまに論じられている事件がありますが、なかでも取り上げることすら意味のないものが3つあるというのです。

ひとつは、GHQによる暗殺説がある下山事件。戦後間もない1949年、国鉄総裁の下山定則氏が失踪し、翌日に常磐線の北千住駅と綾瀬駅の間で、轢《れき》死体となって発見された事件です。未だに真相が究明されていない戦後の未解決事件のひとつですが、GHQ犯行説がしばしば囁《ささや》かれています。

2つめが、本能寺の変。信長を討った明智光秀の本当の黒幕は誰かというものです。なぜ光秀は信長を討ったのか、さまざまな黒幕説・共謀説が唱えられて今もなお議論をされていますが、歴史学的にはそれを指し示す史料が何もない以上、検証のしようがありません。

そして、3つめが坂本龍馬の暗殺事件です。坂本龍馬が歴史学上、そこまで重要な人物ではないとなれば、やはりそれは「どうでもいい」ということになります。

新撰組に至っては、やはり歴史研究の対象にはほとんどなりません。新撰組は警察組織ですから、本来は不逞浪士を取り締まり捕縛することが役割のはずです。にもかかわらず、エンタメの世界では多くの浪士を斬り殺した殺人集団として描かれることもしばしばでしょう。血生臭いと言えば、新撰組内での粛清も有名です。たしかに実際問題として、多くの人間が粛清もしくは切腹となっています。

また近年では、一番隊隊長が沖田総司、二番隊隊長が永倉新八なのはよいとしても、三番隊隊長が誰だったのか議論になっているそうです。よく知られているのは、斎藤一ですが、六番隊隊長とされていて、多摩時代から近藤勇らと一緒だった井上源三郎が実は三番隊隊長だったのではないか、という意見もあるのです。隊の組織形態もよくわからない状態であり、それほど専門の研究は進んでないのではないか。それだけに、新撰組はフィクションの対象として面白いのかもしれません。

坂本龍馬暗殺の最有力は京都見廻組

坂本龍馬も新撰組も人気はあるけれども、学問としての歴史研究においては対象にするほどの歴史的人物ではない……、ということで坂本龍馬と新撰組の虚像を暴いておしまい、というだけではなんとも味気ないですね。

いずれにしても、現在の坂本龍馬や新撰組の人気はすごい。どちらも、その人気を決定的にした司馬遼太郎先生が亡くなった後も、衰えを知りません。特に龍馬に至っては、その自由な雰囲気を身にまとったような行動が、人々の精神を鼓舞しているかのようです。

歴史研究者からはほとんど見向きもされない龍馬暗殺ですが、私自身はこの事件を通して、当時のさまざまな勢力の動きをまとめることは、非常に面白いのではないかなと思います。また、龍馬の暗殺には新撰組が関わっているとする説もありますから、以下では坂本龍馬の暗殺の犯人についてまとめてみましょう。

下手人探しについては、龍馬暗殺の2カ月後に戊辰戦争が始まったため、実際の容疑者取り調べは、明治2（1869）年5月の箱館戦争終結後に実施されました。

当初、事件への関与が疑われていたのは、新撰組のなかで主に「暗殺」の任務を担っていたと言われる「人斬り鍬次郎」こと、大石鍬次郎でした。彼への取り調べが行われましたが、その後、京都見廻組が実行犯であるという証言が出てきたのです。

見廻組の隊士・今井信郎を取り調べたところ、犯行を供述し、その結果、今井を含む京都見廻組7名が、坂本龍馬暗殺の実行犯であったことが判明しました。

しかし、今井以外の6名はすでに戊辰戦争で戦死していました。そのため、今井だけが刑に服することになりました。しかし、今井の自供した内容には矛盾も多く、信憑性《しんぴょうせい》に欠けていました。また、禁固刑に服していましたが、わずか2年で赦免となっており、不審な点が多いのです。

京都見廻組は新撰組同様、京都の治安を守る警察組織のようなものですが、有象無象の集まりであった新撰組と違って、主に旗本で構成されたエリート集団でした。

剣の達人揃いで、なかでも西岡是心流の桂早之助は小太刀の名手として知られていました。龍馬が暗殺されたのは近江屋の室内でのことです。かなり狭い部屋で、大人2人が立つこともままならないくらいの広さでした。通常の刀を振るうことは難しかったでしょうから、犯人は小太刀で龍馬を斬りつけたと考えられます。それゆえ、小太刀の使い手である桂早之助が龍馬暗殺の下手人だと思われました。

暗殺の1年前、龍馬は京都伏見の船宿・寺田屋で、京都所司代指揮下の伏見奉行所の捕吏たちに襲われたことがあります。その際、龍馬は高杉晋作からもらったピストルで応戦し、逃げのびました。この事件では、伏見奉行所側に死傷者が出ています。当時、桂早之助は京都所司代の同心でした。つまり、桂早之助にとって龍馬は自分の部下や同僚を殺し、傷を負わせた人間ということになります。だから、桂早之助には龍馬を斬る十分な理由があるというわけです。

しかし、どうも京都見廻組が龍馬を暗殺した理由が、ある意味では私怨《しえん》に近く、動機の根拠としては弱いように思えます。私が気になるのは、まず龍馬が殺された時期です。武力によらない平和的な倒幕を念頭に置いた大政奉還が実現した、わずか1カ月後のことでした。薩摩と長州は武力によって幕府を打ち倒そうとしたわけですが、幕府側は薩長の攻勢をかわすための窮余《きゅうよ》の一策として、政《まつりごと》を朝廷に返上するというアクロバティックな一手に出たのです。これを後押ししたのが、土佐藩の後藤象二郎であり、同じ土佐藩士の坂本龍馬が暗躍していたとされています。

つまり、幕府側は大政奉還を望んで行ったことになります。旗本を中心にした上位の組織である見廻組は、浪士を集めて組織された新撰組よりも、ずっと幕府の中枢に近い存在です。幕府の考え方により精通し、より忠実であって当然でしょう。それなのに、大政奉還を進めた龍馬を守りこそすれ、反対に殺《あや》めてしまうというのは、幕府の意に背くことになってしまいます。やはり、京都見廻組では龍馬を暗殺する動機が弱いのです。

そうなると、反対に大政奉還を推進されると目障りだと考える者たちが、龍馬暗殺の下手人である可能性が高いということにならないでしょうか。

坂本龍馬暗殺に薩摩藩が関与していた!?

そもそも大政奉還はいかにしてなされたのか。まず慶応2（1866）年1月、土佐の坂本龍馬や中岡慎太郎を仲立ちにして、薩摩と長州の間で、薩長同盟が結ばれます。その翌年に薩摩藩と土佐藩の間で薩土盟約が、薩摩藩と長州藩と安芸藩の間で薩長芸三藩盟約が結ばれました。これらの藩は明治維新の原動力となりましたが、しかし、それぞれの主張や思惑、立場は微妙に異なっていました。

特に意見の相違があったのは、徳川幕府をどうするかという問題です。土佐藩は幕府と朝廷を一体化させる公武合体を推進していました。藩主の山内容堂も、15代将軍・徳川慶喜を最後まで擁護していました。安芸藩も諸外国の脅威に危機感を持っており、徳川幕府を仲間に引き入れるべきだと主張しました。一方、明らかに倒幕派なのは薩摩藩と長州藩でした。幕府との武力衝突を避けたい土佐と安芸は、幕府へ働きかけ、大政奉還を実現させました。徳川幕府が朝廷に政権を返上したのですから、徳川打倒の大義自体がなくなってしまったのです。

これに頑《かたく》なに反対し納得しなかったのが、薩摩藩でした。特に意外と思われるかもしれませんが、西郷隆盛だったのです。彼は武闘派のなかでも最強硬派であり、あくまでも徳川慶喜に腹を切らせるべきだと、武力による倒幕の姿勢を崩しませんでした。

江戸に兵を進めた西郷隆盛が勝海舟と直接会談を行ったことで、江戸総攻撃は回避され、江戸無血開城となったことはよく知られています。しかし、その直前まで、西郷は断固として軍事行動を進めようとしていたのです。それは大久保利通に宛てた手紙にはっきりと書いてあります。

このように考えると、坂本龍馬の暗殺を実行したのは薩摩藩である可能性も大いにあるのです。もちろん証拠となる史料はなく、あくまでも状況証拠を検証した結果、推理されるものの範疇にとどまります。

坂本龍馬「当たり屋」説から生じる紀州藩関与説!?

状況証拠として考えるならば、最近、私がもしかしたらと思うのが、坂本龍馬「当たり屋」説から導き出される、紀州藩関与説です。

坂本龍馬が日本初の貿易商社である「亀山社中」を結成し、その後、新たな組織として「海援隊」を作ったことはよく知られています。この海援隊が操船した蒸気船・いろは丸が、慶応3(1867)年5月26日、瀬戸内海を航海中に紀州藩の軍艦・明光丸と衝突事故を起こし、鞆の浦付近で沈没した事故が起こりました。

このとき、海援隊と紀州藩の間で裁判が行われましたが、坂本龍馬は万国公法を持ち出して「非は明らかに明光丸にある」と紀州藩に多額の賠償金を求めたのです。いろは丸は長崎からさまざまな物資を積んで、大坂に向かう途中でした。船の積荷には大量の金塊や最新鋭の銃が積んであったと龍馬と海援隊側は主張しました。

いろは丸と明光丸はそれぞれ衝突の直前、回避行動を取っていました。いろは丸は取舵《とりかじ》、つまり左に舵を切りました。一方の明光丸は面舵《おもかじ》、つまり右に舵を切ったため、両船とも同じ方向を向いてしまいます。そして、明光丸の船首が、いろは丸の右舷《うげん》に衝突してしまったのです。

龍馬は「万国公法」に照らし合わせて、明光丸の側に非があると主張しました。

しかし、実は当時も現代も、国際法上は前方から船が向かってきた場合には、お互いに面舵（右舵）を取り、衝突を避けるのが大原則となっていました。つまり、この場合、面舵を取った明光丸のほうが正しい回避方法を実行していたわけで、取舵を取ってしまったいろは丸にこそ非があるのです。

そのことに気づいていた龍馬は、それを百も承知で、口から出まかせを言って、紀州藩を言いくるめてしまったのでした。さらにすごいのが、その請求した賠償金の額です。沈没した船の購入費3万5600両の弁償。そして積荷のミニエー銃400丁に金塊の賠償金もこれに上乗せして、全て合わせて総額8万3000両を、龍馬は紀州藩にふっかけたのでした。

平成元（1989）年、地元の有志で結成された「鞆を愛する会」が、鞆の浦から15キロメートル沖合の水深27メートルの海底で、沈没したいろは丸を発見しました。その後、京都の水中考古学研究所により、平成17（2005）年までに数回の調査が行われて、さまざまな遺物が見つかっています。しかし、龍馬が積荷であると主張した銃や金塊のたぐいは一切見つかっていないのです。

つまり、龍馬は徹底的にはったりをかまして、自分たちの非を言いくるめるばかりか、多額の賠償金までふっかけてぶんどっていたのです。まさにそれは「当たり屋」のようです。

その後、龍馬は暗殺されるのですが、海援隊の面々は龍馬の暗殺は紀州藩が関与していたのではないかと考えます。いろは丸の裁判を恨んで、紀州藩が龍馬を暗殺したと見なし、紀州藩士・三浦休太郎が逗留していた京都油小路の旅籠・天満屋を襲撃したのです。危険を察知した紀州藩は、会津藩を通じて、新撰組を派遣してもらい、警護にあたらせました。その結果、海援隊と新撰組の間で、戦闘に発展し、死傷者が出るほどの騒ぎとなりました。

つまり、龍馬の仲間たちは、紀州藩が龍馬を暗殺したのだと考えて、行動を起こしているのです。紀州藩からすれば、あることないことでっちあげられて、当たり屋のような真似をされ、多額の賠償金を取られたことを恨みに、坂本龍馬の暗殺を実行したということもあり得なくはありません。

いずれにせよ、いろは丸の裁判だけを見ると、坂本龍馬という人物は非常に胡散《うさん》臭く見えてしまいます。それも含めて、人間・坂本龍馬の魅力だったということでしょうか。

第11章 西郷隆盛と大久保利通の虚像

「敬天愛人」西郷隆盛の本当の姿

仁徳に厚く人情深い、大きな人間性が魅力的な西郷隆盛という人物像は、彼の座右の銘である「敬天愛人」とともに、日本人に広く親しまれています。天を敬い、人を愛すという言葉にもある通り、勝海舟との直接会談で江戸無血開城を実現したり、戊辰戦争でも庄内藩に寛大な処分を行ったりするなど、誠実な人格者のイメージが強い人物です。

その人気ぶりもあり、NHK大河ドラマ『西郷どん』をはじめとして、さまざまな媒体で西郷隆盛は描かれてきました。旧庄内藩の人々は西郷を慕い、彼の言葉をまとめた『西郷南洲翁遺訓』を作っています。現代でも、一種の自己啓発書として現代語訳が親しまれるなど、西郷隆盛の教えを金科玉条のものにし、大切にしている方々も多くいらっしゃると思います。

しかし、前章でも述べたように、幕末・明治維新の動乱を生き抜き、体制転換をやってのけたその立役者は、やはりただ者ではありません。特に、倒幕を推進した薩摩藩のなかでも、徹底的な武力交戦を唱えた強硬派が、西郷隆盛でした。幕府を倒すためには、かなり悪どい手段に打って出てもいます。それは彼の盟友である大久保利通にもまた言えることです。

さまざまな英雄たちの虚像を暴いてきた本書の最後を締めくくるこの章では、西郷隆盛と大久保利通の実像に迫りたいと思います。

維新の英雄は実はテロリストだった!?

先述したように、西郷隆盛や大久保利通ら薩摩藩は、なんとしても武力による倒幕を主張していました。ヘラクレイトスの言葉に「戦いが王を作る」というものがありますが、西郷や大久保ら薩摩藩は、武力によって幕府を討ち倒すことで、自分たちが新しい政権であることをアピールする必要があったのだと思います。

薩摩藩と長州藩は、朝廷に働きかけることで、慶応3(1867)年10月、討幕の密勅《みっちょく》を得ています。薩長は幕府を倒す大義名分を得たのです。これにより、幕府は朝敵となるわけですが、政権を朝廷に渡してしまえば、それも難しくなります。

しかも大政奉還をしたところで、すでに朝廷には日本全体を統治するだけのシステムも人材もありませんでした。だから朝廷はすぐに泣きついてくる、実際の政務は幕府抜きでは無理なはずだと、徳川慶喜も目論んでいました。

どうしても武力に打って出る口実が欲しかった西郷は、江戸の薩摩藩邸に出入りする、勤皇派の浪士らを使ったのです。彼らを金で雇い、江戸の町で暴れ回らせ、幕府側の暴発を誘ったのでした。薩摩藩の息のかかった浪士たちは、商家などを襲い、金品を強奪し、雇人や近隣の住民らに暴力を振るって殺害することもありました。追手がかかると、三田にあった薩摩藩邸に逃げ込むため、江戸市中の警護にあたっていた庄内藩は手を出せずにいました。

こうしたゴロツキたちは数百人の規模にまで膨れ上がっていました。その代表格が、清河八郎や山岡鉄舟らが作った「虎尾の会」（この2人はのちに新撰組の前身となる浪士組を作ります）に出入りしていた経歴のある薩摩出身の伊牟田尚平や益満休之助、そして赤報隊を組織した相楽総三らです。

この度重なる薩摩の挑発にとうとう乗ってしまったのが、庄内藩です。これらの騒乱の黒幕は薩摩藩だと見た庄内藩は、薩摩藩邸の焼き討ちを決断しました。こうして慶応3（1867）年12月25日、まんまと西郷や大久保ら薩摩藩の手口に乗せられて江戸の薩摩藩邸焼き討ち事件が起きたのです。こうして幕府側の暴発は、鳥羽・伏見の戦いに発展しました。この薩摩の手口は、まさにテロ行為にほかなりません。

しかもこれに関わった伊牟田尚平や益満休之助、相楽総三は、のちに不可解な最期を迎えました。

たとえば、益満休之助は、慶応4（1868）年5月15日に起きた薩長の新政府軍と彰義隊ら旧幕府軍が上野の山で衝突した上野戦争を見物に行って、後ろから何者かに撃たれて亡くなっています。流れ弾なのか、どこから弾が飛んできたのかはわかっておらず、どうも口封じ臭い。

相楽総三は赤報隊を結成し東山道を進みながら、「明治新政府は税金を半分にしてくれるぞ」などと喧伝してまわり、道中の周辺を鎮撫《ちんぶ》していきました。しかし、新政府側としては「年貢半減」など不可能でただのデマであり、相楽総三と赤報隊は偽官軍であるとして、最後には相楽総三や隊員たちを捕らえて処刑してしまいました。これもまた、薩摩にいいように使われた結果、口封じされたものだと考えられます。

伊牟田尚平は、相楽の危機を察して、相楽救援のために信州へ向かったところ、すでに処刑されたとの報せを聞き、引き返しています。しかし、その後、京都で強盗の罪を着せられて、詰め腹を切らされました。これも口封じのようです。

このように見ると、西郷・大久保らの薩摩藩はかなりえげつない手を使ってまで、幕府軍の暴発を引き起こし、大きな戦争を起こそうとしていたことがわかります。

戦いを欲した西郷隆盛と大久保利通

こうして薩摩藩のテロ行為によって、幕府の暴発を引き起こし、鳥羽・伏見の戦いに突入していったわけですが、結局、徳川慶喜は腰砕けとなり、江戸へと船で逃げ帰ってきます。西郷や大久保としてはどうしても、徳川慶喜と直接対決をし、その首を刎《は》ねる必要がありました。

このときの慶喜の判断としては意見が分かれるところです。彼は薩長の軍勢と直接、戦うことなく江戸に帰還してしまった。自軍や新撰組なども置いて、敵前逃亡に近いかたちで、江戸に逃げ帰ってしまいました。武士の風上にも置けない、卑怯で弱虫な将軍だという意見もあれば、諸外国の脅威が迫っている今、日本国内で大きな戦争をすべきではないと為政者としての賢明な判断だったという意見もあります。

問題なのは、徳川慶喜の処遇についての薩長側の思惑です。

実は薩長のほうも一枚岩ではありませんでした。先述したように、西郷隆盛には人格者でおおらか、優しいイメージがあるけれども、「慶喜に腹を切らせることはない」と穏健な主張をしていたのは、桂小五郎ら長州藩のほうだったのです。

これに対して、徹底攻勢を唱えていたのが、やはり西郷隆盛や大久保利通らの薩摩藩でした。西郷が大久保に宛てた手紙が残っていますが、そのなかで特に最後まで西郷がこだわったのは、徳川慶喜に腹を切らせることでした。手紙のやりとりのなかで、大久保もそれに賛同しています。

鳥羽・伏見の戦い後、徳川慶喜は江戸城で謹慎の状態にありました。すでに反乱の恐れはないはずなのに、西郷はどうしても慶喜に腹を切らせようとします。西郷や大久保は、大きな戦争を求めていたのです。

先に挙げたヘラクレイトスの「戦いが王を作る」という言葉にあるように、きちんと戦いによって雌雄を決し、どちらが勝者であるかを見せつけなければ、新政府の権力は十全なものとはならないと、西郷も大久保も考えていたのではないでしょうか。

手紙に表れる西郷と大久保の本性

西郷は大久保との手紙のなかで、徳川慶喜の助命嘆願が寄せられていることに腹を立てています。薩摩から13代将軍・徳川家定に嫁いだ天璋院(篤姫)からも慶喜の助命を求める声がありました。14代将軍・徳川家茂に降嫁した和宮も慶喜を助けてくれと言っています。

天璋院は言ってみれば薩摩のお姫様、和宮に至っては皇族です。にもかかわらず、西郷は手紙のなかで、彼女たちを呼び捨てにし、「天璋院や和宮がゴタゴタと言っていることには耳を貸すな」とまで暴言を吐いている。およそ、忠義に厚い西郷どんのイメージからは出てこないような姿です。

そして、西郷の妄言に対して、大久保は諫《いさ》めるでもなく、むしろ肯定していました。西郷や大久保の思惑としては、いくら徳川慶喜が武士の風上にも置けない情けない将軍で、旗本たちからも人気がなかったとはいえ、腐っても武士たちの主君である将軍です。その将軍が腹を切らされるとなれば、旗本以下、幕臣たちは江戸城に立てこもって戦うほかありません。

つまり、徳川慶喜に切腹を要求することは、江戸城を総攻撃する口実を作ることに等しいわけです。京都から江戸へと入る直前まで、西郷はこの強硬策に打って出ようとしていました。しかし、静岡入りした際に、突如として意見を変えています。慶喜が謹慎しているならば、命だけは助けようということになりました。京都から静岡までの間に、西郷に何があったのでしょうか。

西郷は京都から静岡に行くまでの間に、イギリス公使のパークスと会見しています。彼から「降伏すると言っている人間を攻撃するのは紳士のやることではない」と言われて、西郷は意見を変えたという説がありますが、果たしてどうでしょうか。

また鹿児島出身の作家で、西郷隆盛を描くことをライフワークとしていた海音寺潮五郎先生は、『江戸開城』という史伝を書いています。その冒頭で、西郷が慶喜に腹を切らせろと語った大久保宛の手紙を挙げて、それは西郷の真意ではないと推察しています。

手紙の文面の表現だけにとらわれずに、その真意を読み解けというのですが、歴史学の基本は史料に書かれていることをきちんと検証することです。「文書ではこのように書いてあっても、実は本当の気持ちは違うんだ」ということになれば、そもそも歴史研究など成り立ちません。

客観的に見て、やはり西郷たちは江戸城を総攻撃した場合のコストを計算したのではないかと思います。

つまり、江戸城を攻撃すれば、江戸の町も火の海となって灰燼《かいじん》に帰してしまう。そうなると、当時、日本で最も繁栄していた百万都市・江戸の高度に発達したインフラを使うことができなくなってしまう。それは惜しい、ということで、慶喜を許すしかないと方針を転換することになったのではないでしょうか。実際にその後、明治政府は江戸を東京として整備し首都としました。もし仮に江戸総攻撃を遂行していたら、首都は東京ではなく、大阪になっていたはずですから、現代日本のかたちもかなり違っていたでしょう。

慶喜の赦免は、もともと長州藩側の方針でもありましたから、西郷や大久保らは長州藩の意見に従ったかたちになります。その後、江戸の薩摩藩の屋敷で、西郷と勝海舟が直接会談し、江戸城の無血開城が決定しました。

「戦いが王を作る」を実践した西郷と大久保

江戸無血開城は成功しましたが、やはり西郷や大久保としてはそれに代わる戦いがほしい。そこで一番の貧乏くじを引いたのが、東北の諸藩だったということになります。すなわち、「戦いが王を作る」という西郷や大久保の路線が実施されたのが、明治新政府発足後の明治元（1868）〜明治2（1869）年に東北で起こった戊辰戦争でした。
戊辰戦争は薩長をはじめとする新政府軍と陸奥、出羽、越後の諸藩による奥羽越列藩同盟が対立し激突した戦争でした。この戦いで激しい戦闘が繰り広げられたのが、長岡と会津の地です。

有名な河井継之助を擁する長岡藩は、新政府側にも奥羽越列藩同盟にも与せず、スイスを参考にして中立を主張しました。しかし、戦いを欲する新政府側は、薩摩藩邸焼き討ち事件を同じような手段を講じます。交渉役として土佐藩の岩村精一郎という人物を派遣したのです。岩村は居丈高な態度で終始、長岡藩側を挑発し、「中立は認めない、土下座して従え」などと言い放ちました。結果、長岡藩と新政府の会合は物別れに終わります。そして、長岡藩も明治政府に反発するかたちとなり、奥羽越列藩同盟に加入して戊辰戦争に参入することになったのです。

さらに酷《ひど》かったのは、会津藩への仕打ちでした。そもそも奥羽越列藩同盟は、会津藩の不遇に対して、東北諸藩が同情を示したことがきっかけで発足しています。会津藩は孝明天皇から京都の治安維持を命じられ、新撰組を作るなど忠義を尽くしました。そのために、薩長の浪士を多数捕縛する結果となったのです。決して薩長憎しで行ったわけではないにもかかわらず、新しく発足した新政府からは会津は敵役として認定されていました。

そこで会津救済のために奥州諸藩で結束し、新政府と交渉しようと始まったのが、奥羽越列藩同盟でした。

しかし、新政府はここでも同盟側の暴発を誘います。この交渉役として仙台藩に新政府から派遣された長州藩士・世良修蔵は、岩村精一郎と同様に、横柄で傲慢な態度を取り続けました。あまりにひどい態度と対応だったため、とうとう仙台藩の元武士が暴発し、世良を殺してしまったのです。その結果、勃発したのが、会津戦争でした。

相手を怒らせて暴発させ、戦いの大義名分を得て、大きな戦争を起こした上で、相手を完膚《かんぷ》なきまでに叩きのめす。まさに西郷や大久保ら薩摩藩が仕掛けた「戦いが王を作る」の原則に則った動きです。

「それが大久保くんの悪いところだよな」

さらには後年の不平士族の反乱も、同じような手口で引き起こされています。西南戦争以前の明治7（1874）年、江藤新平や島義勇らによる佐賀の乱が起きていますが、このとき、佐賀県の副知事を務めていたのが、かつて長岡藩に派遣された岩村精一郎でした。岩村はここでも居丈高に、佐賀の元武士たちを侮辱するような態度を示しました。その結果、佐賀の元武士たちはプライドを傷つけられ、反乱を起こしたのです。

のちに東京大学の歴史学研究の礎を作った人物のひとりである久米邦武が、この佐賀の乱に関する桂小五郎こと木戸孝允の所見を書き記しています。

久米が木戸に「なぜ、岩村のような人物を佐賀県の副知事にしたのですか。彼を副知事にすれば、佐賀の乱のような事態になることは目に見えています」と質問したところ、木戸は「それが大久保くんの悪いところだよな」と答えたのです。

初代内務卿の大久保利通は、岩村のような高慢な人間をあえて佐賀に配置し、相手を怒らせて、戦争を引き起こさせたのだと、木戸は言っているわけです。

この反乱での首謀者として処刑されたのは、明治維新にも尽力した江藤新平でした。彼は明治政府内では征韓論賛成派で、大久保利通と対立する関係にありました。そこで大久保は、岩村を利用して、あえて江藤らが暴発するように仕向け、邪魔者を消そうとしたのではないか、というわけです。

それはまさに薩摩藩邸焼き討ち事件から、戊辰戦争に至る、西郷と大久保の共通の手口だと言わざるを得ません。

その結果、九州では、こうした新政府のやり方に不満を持った人々が、西南戦争を引き起こすことになりました。

西郷隆盛は薩摩の元武士たちに担がれて、西南戦争に参戦しますが、ただ「俺の命はお前たちに預ける」とだけ言って、軍事的な指揮は執ろうとしませんでした。「戦いが王を作る」ということをよく知っていた西郷だけに、すでに死ぬ覚悟はできていたのでしょう。

陰謀渦巻くテロリストとしての西郷隆盛と大久保利通

明治政府内で、西郷と大久保が対立し、その結果、西郷が政府を辞めて下野するきっかけとなったのは、有名な征韓論争です。この征韓論についても、西郷の主張はこれまでのテロ的なやり方を踏襲するものでした。

つまり、西郷は、自分を使者として朝鮮に派遣するよう主張します。朝鮮は日本からの使者を殺すに違いないから、朝鮮側が自分を殺したらそれを口実に出兵すればいい。まさに「戦いが王を作る」の論理がそのまま生きています。

その後の西南戦争では、西郷は、薩摩の元武士たちは新政府軍に勝てないだろうということを察していたとする説もあります。批評家の江藤淳などが述べていることですが、それでも挙兵したのは、「戦いが王を作る」という大原則に則っていたからこその決断だったのかもしれません。

いずれにせよ、高潔な人格を持った英雄としての西郷隆盛には、テロ行為も辞さない頭の切れる陰謀家という裏の顔があったのではないか。

西郷の盟友である大久保利通も同様です。彼もまた、そのお株を奪うような陰謀策を講じていたことは、先に説明した通りです。

つまり、「敬天愛人」という言葉でイメージされる尊敬されるべき「西郷どん」は虚像であり、その下には、陰謀渦巻くテロリストとしての西郷隆盛という実像があるのではないか、ということなのです。

著者プロフィール

本郷和人(ほんごう かずと)

1960年、東京都生まれ。東京大学史料編纂所教授。東京大学・同大学院で石井進氏、五味文彦氏に師事し日本中世史を学ぶ。史料編纂所で『大日本史料』第五編の編纂を担当。著書に『乱と変の日本史』(祥伝社新書)、『恋愛の日本史』『平安最強の貴族・藤原道長と源氏物語の謎』(宝島社)ほか多数。

スタッフ

カバーデザイン　bookwall
本文DTP　藤原政則(アイ・ハブ)
編集　宮下雅子(宝島社)
構成・編集協力　吉祥寺事務所

宝島社新書

日本史の偉人の虚像を暴く

（にほんしのいじんのきょぞうをあばく）

2024年11月23日　第1刷発行

著　者　本郷和人
発行人　関川 誠
発行所　株式会社 宝島社
〒102-8388 東京都千代田区一番町25番地
電話：営業 03(3234)4621
編集 03(3239)0646
https://tkj.jp

印刷・製本：中央精版印刷株式会社

ISBN 978-4-299-06102-7